50のポイントでわかる

自治体職員
はじめての
予算要求

吉田 博[著]

学陽書房

本書は、自治体職員として理解しておくべき予算の基本や予算要求の実務について、50のポイントにわけて、まとめてあります。

　また、この中で、人口減少時代における予算と事業について、自治体職員にとって大切な考え方やノウハウについて、わかりやすく説明をしています。

はじめに

　公務員になれば、一度は、事業担当者になったり、部署の予算担当者になるのではないでしょうか。そこでは、予算要求という仕事があります。「厳しい財政状況の下、財源不足が発生する見込みで、事業の取捨選択が厳しく問われる」「地球温暖化対策、省エネルギー対策を積極的に推進」「感染症には引き続き万全を尽くす」といった予算編成方針や幹部職員の話を聞いていると、初めて担当になったり、まだ慣れていなければ、どうしたらよいのか不安になることもあるのではないでしょうか。

　このような方も含めて、様々な業務を担当している公務員の皆さんのために予算要求のポイントをまとめたものが本書です。予算の制度から実際の要求の事務に至るまで、50の項目に分けて、法的な観点から実務、そしてノウハウなどをわかりやすく、かつコンパクトにまとめています。わかりやすい実用書としてはもちろん、理論的な裏付けを学びたい人にも活用できるように工夫しています。

　予算要求の事務は、毎年の恒例行事として、制度に基づいて粛々と進められるといった印象を持つかもしれませんが、実は、人間的な側面というか、政治的な様相も垣間見えるところがあります。また、短期間の勝負という印象についても、それまでの助走期間の取

り組みの成果が、反映されるものであり、長期戦の視点も欠かすことができません。

　国内外の情勢は、これまでにないほど激しく変化しています。我が国では、少子高齢化が続き、国力の低下が各種統計でみられるようになってきました。この中で、各自治体の仕事は、地域社会と地域経済を元気にする大切な役割を担っており、その仕事は、より重要性を増しています。この自治体の政策を作るのが予算編成、そして予算要求こそがベースであり、本丸とも言ってよいのです。

　予算要求に関して、要求事業の経費の区分から予算査定の手法などについては、自治体ごとの伝統と工夫の積み重ねで、差異を見ることができますが、最終的には、住民の福祉向上を目的としているのは、同じです。

　このような予算要求に関わる職員一人ひとりが、生き生きと、やりがいを持って業務に当たれるとしたら素晴らしいことです。と同時に、地域にとっては、喜ばしいことであり、そのために、本書が少しでも役立つことになれば、望外の喜びです。

2023年9月

吉田　博

目　次

第1章　予算の制度

第2章　予算編成

第3章　予算要求

第4章 歳入の要求

第5章 歳出の要求

第6章 予算要求の課題

第7章 予算査定の対応

第8章 事務事業の見直し

第9章 事業の構築

第10章 新しい予算の展望

第1章

予算の制度

予算とは何か

（1）予算とは

　予算と聞いて何となく難しいと感じることはあるかも知れません。また、「予算がないので、できかねます」「予算が不足しそうだ」といった日常的に使われる言葉でもあります。しかし、予算は、実際の運用にあたっては、様々な決まりごとがありますが、法令として規定されている内容については比較的シンプルです。また、各自治体が毎年行っている予算要求を含む予算編成に係る事務などについては、法令の運用というよりも、かなりの部分は、自治体独自で決められています。

　何が法として決まっているのかなどについて、予算の具体的な内容をみていきましょう。

　予算の"基本"や"基本動作"を知ることは、予算要求を円滑に進めるためのベースとなります。

　予算の一般的な説明は次のようになります。

> 　予算とは、自治体の1年間の収入・支出をあらかじめ見積もった計画書であり、予算編成の過程は政策形成と言えます。

（2）法の根拠を知る

　では、もう少し法的な観点からみていきましょう。

　予算は法令に基いた制度であり、この法の"原点"をおさえるこ

とは、予算要求の実務を進める上で役立ちます。

　予算は、議会の議決が必要で、歳出予算でその議決対象となるのは、すべての事業やその金額ということではなく、目的別に分類された款・項の金額であり、項の下にある目・節は予算の内訳であり執行科目とされています。法上は、あくまで一定の目的のための事業費をまとめた項の金額が執行の上限となるものであり、目、さらには、各事業については、執行機関、実際は、財務規則（予算規則）などに委ねられているのが一般的です。

　議会の審議においては、内容も含めて、各事業費の金額まで議決対象とされているように見受けられますが、あくまで予算の説明や、内容審議のために、事業費が明示されているのです。

　法令をみますと、地方自治法の第9章財務の第2節が予算の根拠であり、予算の原則と内容が規定されています。同法第211条第1項で「普通地方公共団体の長は、毎会計年度予算を調製し、年度開始前に、議会の議決を経なければならない」同法243条の4で「普通地方公共団体の財政の運営、普通地方公共団体の財政と国の財政との関係等に関する基本原則については、この法律に定めるもののほか、別に法律でこれを定める。」として、これに基づき地方財政法等が定められています。地方財政法では、予算の編成をその実体的側面において把握し、その一般的通則を示しています。

地方財政法

（予算の編成）

第3条　地方公共団体は、法令の定めるところに従い、且つ、合理的な基準によりその経費を算定し、これを予算に計上しなければならない。

　2　地方公共団体は、あらゆる資料に基いて正確にその財源を捕そくし、且つ、経済の現実に即応してその収入を算定し、

そして、地方自治法施行令第173条の3では「この政令及びこの政令に基づく総務省令に規定するものを除くほか、普通地方公共団体の財務に関し必要な事項は、当該普通地方公共団体の規則でこれを定める」とされており、これに基づき、自治体では、財務規則又は予算規則を制定し、予算編成について規定しているのです。

すなわち、自治体の予算編成に係る基本原則は、法令で規定され、運用の手続きについては、規則によると定められています。予算編成は、具体的な政策形成を行うものであり、住民にとって、大きな関心事のはずですが、全国一律の法律に規定され、それ以外の編成手法などはほぼ内部管理業務とされてきたことが、あまり住民にとって身近ではないと感じさせる背景の一つと考えられます。昨今は、予算編成過程の公開も一定程度進んできており、住民が監視・確認できるような仕組みになってきましたが、なお、財政当局の秘儀的な要素は残っているようです。

なお、予算の調整権限については、あくまで首長であり、財政当局（の職員）は、補助機関として、予算に関わる業務を行っているのであり、この意味においては、首長からみると、事業課も同様に責任ある業務を行っていると考えることができます。

以下に主な予算関係の法令の条文を示します。

地方自治法

（議決事件）

第九十六条　普通地方公共団体の議会は、次に掲げる事件を議決しなければならない。

一　条例を設け又は改廃すること。

二　予算を定めること。

三　決算を認定すること。

　（以下略）

（予算の調製及び議決）

第二百十一条　普通地方公共団体の長は、毎会計年度予算を調製し、年度開始前に、議会の議決を経なければならない。この場合において、普通地方公共団体の長は、遅くとも年度開始前、都道府県及び第二百五十二条の十九第一項に規定する指定都市にあつては三十日、その他の市及び町村にあつては二十日までに当該予算を議会に提出するようにしなければならない。

2　普通地方公共団体の長は、予算を議会に提出するときは、政令で定める予算に関する説明書をあわせて提出しなければならない。

地方自治法施行令

（予算に関する説明書）

第百四十四条　地方自治法第二百十一条第二項 に規定する政令で定める予算に関する説明書は、次のとおりとする。

　　一　歳入歳出予算の各項の内容を明らかにした歳入歳出予算事項別明細書及び給与費の内訳を明らかにした給与費明細書

　　二　継続費についての前前年度末までの支出額、前年度末までの支出額又は支出額の見込み及び当該年度以降の支出予定額並びに事業の進行状況等に関する調書

　　三　債務負担行為で翌年度以降にわたるものについての前年度末までの支出額又は支出額の見込み及び当該年度以降の

支出予定額等に関する調書

　四　地方債の前前年度末における現在高並びに前年度末及び
　　　当該年度末における現在高の見込みに関する調書

　五　その他予算の内容を明らかにするため必要な書類

2　前項第一号から第四号までに規定する書類の様式は、総務
　省令で定める様式を基準としなければならない。

地方自治法

（予算の内容）

第二百十五条　予算は、次の各号に掲げる事項に関する定めか
ら成るものとする。

　一　歳入歳出予算

　二　継続費

　三　繰越明許費

　四　債務負担行為

　五　地方債

　六　一時借入金

　七　歳出予算の各項の経費の金額の流用

（歳入歳出予算の区分）

第二百十六条　歳入歳出予算は、歳入にあつては、その性質に
従つて款に大別し、かつ、各款中においてはこれを項に区分
し、歳出にあつては、その目的に従つてこれを款項に区分し
なければならない。

地方自治法施行規則

第十四条　予算の調製の様式は、別記のとおりとする

別記

予算の調製の様式（第十四条関係）

　　　　何年度（普通地方公共団体名）一般会計予算

何年度（普通地方公共団体名）の一般会計の予算は、次に定めるところによる。

（歳入歳出予算）

第1条　歳入歳出予算の総額は、歳入歳出それぞれ何千円と定める。

2　歳入歳出予算の款項の区分及び当該区分ごとの金額は、「第1表歳入歳出予算」による。

（継続費）

第2条　地方自治法（昭和22年法律第67号）第212条第1項の規定による継続費の経費の総額及び年割額は、「第2表継続費」による。

（繰越明許費）

第3条　地方自治法第213条第1項の規定により翌年度に繰り越して使用することができる経費は、「第3表繰越明許費」による。

（債務負担行為）

第4条　地方自治法第214条の規定により債務を負担する行為をすることができる事項、期間及び限度額は、「第4表債務負担行為」による。

（地方債）

第5条　地方自治法第230条第1項の規定により起こすことができる地方債の起債の目的、限度額、起債の方法、利率及び償還の方法は、「第5表地方債」による。

（一時借入金）

第6条 地方自治法第235条の３第２項の規定による一時借入金の借入れの最高額は、何千円と定める。

（歳出予算の流用）

第7条 地方自治法第220条第２項ただし書の規定により歳出予算の各項の経費の金額を流用することができる場合は、次のとおりと定める。

（1）各項に計上した給料、職員手当及び共済費（賃金に係る共済費を除く。）に係る予算額に過不足を生じた場合における同一款内でのこれらの経費の各項の間の流用

（2）何々

何年何月何日 提出

〔何都（道府県）知事〕〔何都（道府県）何市（町村）長〕

氏　名

備考１　特別会計に属する予算（地方公営企業法の全部又は一部の適用を受ける事業に係るものを除く。）は、この様式に準じて、これを調製すること。ただし、国民健康保険事業、介護保険事業及び農業共済事業に係る特別会計については、必要に応じ、この様式を変更することができること。

　　　２　補正予算又は暫定予算は、この様式に準じて、これを調製すること。

第１表　歳入歳出予算

歳　入

款	項	金　　額
1　何　々		千円
	1　何　々	
	2　何　々	

款	項	金 額
2 何 々		
	1 何 々	
	2 何 々	
歳　入　合　計		

歳　出

款	項	金　額
1 何 々		千円
	1 何 々	
	2 何 々	
2 何 々		
	1 何 々	
	2 何 々	
歳　出　合　計		

第十五条　　歳入歳出予算の款項の区分並びに目及び歳入予算に係る節の区分は、別記のとおりとする。

2　歳出予算に係る節の区分は、別記のとおり定めなければならない。

歳入歳出予算の款項の区分及び目の区分（第十五条関係）

歳			入		
都　道　府　県			市　　町　　村		
款	項	目	款	項	目
1 議会費			1 議会費		
	1 議 会 費			1 議 会 費	
		1 議 会 費			※
		※			1 議 会 費
		2 事務局費			
2 総務費			2 総務費		
	1 総務管理費			1 総務管理費	
		※			※
		1 一般管理費			1 一般管理費

		2　人事管理費			2　文書広報費
	〻			〻	

備考1　都、指定都市等行政権能の差のあるものについては、当該行政権能の差により必要な款又は項を設けることができること。

（2以降省略）

歳出予算に係る節の区分（第十五条関係）

節	説　明	
1　報　　　　酬	議　員　報　酬	
	委　員　報　酬	執行機関である委員会の委員及び委員(常勤の者を除く。)に係る報酬
	非常勤職員報酬	その他の非常勤職員の報酬
2　給　　　　料	特　別　職　給	知事、副知事、市町村長及び副市町村長並びに教育長、常勤の監査委員及び人事委員会の常勤の委員に係る報酬
	一　般　職　給	
3　職　員　手　当　等	扶　養　手　当	
	初任給調整手当	
	通　勤　手　当	法律又はこれに基づく条例に基づく手当
	特殊勤務手当	
	特地勤務手当	
	何　　　手　当	
	児　童　手　当	
〻	〻	

備考1　節及びその説明により明らかではない経費については、当該経費の性質により類似の説に区分整理すること。

　　2　節の頭初の番号は、これを変更することができないこと。

　　3　歳出予算を配当するときは、款項目節のほか、必要に応じ節の説明により、これを行うことができること。

　歳出の科目は、その目的に従って「款（大分類）」と「項（中分類）」に別記のとおり区分するものとして、「節（最小分類）」は別記のとおりとしなければなりません。「款（大分類）」と「項（中分類）」と「目（小分類）」については、別記と必ずしも同一でなくてもよく、備考欄にも、都、指定都市等行政権能の差があれば、必要な款又は項を設けることができる、と記載されています。

地方自治法施行規則

第十五条の二　予算に関する説明書の様式は、別記のとおりとする。

予算に関する説明書様式（第十五条の二関係）

歳入歳出予算事項別明細書

2　歳　入
(款) 何　々
　　(項) 何　々

目	本　年　度	前　年　度	比　　　　較	節		説　　　　明
				区　　分	金　額	
1　何　　　々	千円	千円	千円	何　　々	千円	
				何　　々		
2　何　　　々				何　　々		
				何　　々		
計						

備　考　1　前年度の欄には、前年度当初予算に係る金額を掲げること。
　　　　2　説明欄には、収入見込額の算出基礎、税(料)率その他参考となる事項を記載することができること。
　　　　3　補正予算又は暫定予算は、この様式に準じてこれを調製すること。

3　歳　出
(款) 何　々
　　(項) 何　々

目	本　年　度	前年度	比　較	本　年　度　の　財　源　内　訳				節		説　　明
				特　定　財　源			一般財源	区　分	金　額	
				国(都道府県)支出金	地　方　債	そ　の　他				
1　何　　々	千円	千円	千円	千円	千円	千円	千円	何　　々	千円	
								何　　々		
2　何　　々								何　　々		
								何　　々		
計										

備　考　1　前年度の欄には、前年度当初予算に係る金額を掲げること。
　　　　2　説明欄には、予算を計上した目の内訳その他参考となる事項を記載することができること。
　　　　3　補正予算又は暫定予算は、この様式に準じてこれを調製すること。

2

予算の原則と機能

（1）予算の原則

　予算において大切な二つの原則があります。

　一つは、総計予算主義の原則（地方自治法第210条）です。

　一会計年度における一切の収入及び支出はすべてこれを歳入歳出予算に編入しなければならないという原則です。これは、その自治体の限られた財源の配分による全体最適を図るための基本となるものです。

　ここから、歳入と歳出の相殺は許されず、それぞれの全体が計上されるということです。なお、あくまで自治体の予算ですから、公益法人、NPO、市民など公益を担う多種多様な主体の活動費などは当然含まれていません。

　もう一つは、単一予算主義の原則です。

　一会計年度における一切の収入・支出は単一の予算に計上して、一会計の下に経理しなければならない、というものです。可能な限り一会計で計上されることなので、全体を把握することに優れています。

　しかし、この原則は、複雑多様化する現代社会においては、少し状況の変化があります。実際、一般会計のほか、特別会計が法規定されており、むしろ、特別会計、基金などの戦略的活用を検討していく方が、プロジェクトごとの収支も明確になり、有効なケースが多くなってきています。

いずれの原則も予算の一覧性、総合性を担保し、管理、監視をしやすくしようとするものと考えることができます。

（2）予算の機能

　予算の機能としては、まず、住民の代表である議会が首長を事前に統制することがあげられますが、政策、政治的な側面に着目すると以下のような整理ができます。

　一つは、政策機能です。

　予算は政策を金額化したものです。

　首長のマニフェストや議会の審議を踏まえたその自治体の政策について、まさに予算によって執行が可能となるのです。最近は、全国共通の政策課題に対する対応が目立ってきています。2020年からは、新型コロナウィルス感染症対策が最優先課題となり、さらに、少子化対策、カーボンニュートラル、SDGs に係る施策なども大変重視されています。

　これらの課題については、個別の部局だけで対応できるものではなく、全庁あげての取り組みが必要であり、職員も担当する事業においても幅広い知識と情報が求められています。逆から見れば、所管の事業にこれらの観点を組み込んでいけば、予算化の可能性は拡がると考えてよいでしょう。

　もう一つは、政治的機能です。

　自治体では、国防・外交などについては、直接関係することは多くはありませんが、政策についての優先順位やその規模をどうするかは、一種の政治的な判断を伴うものになります。

　予算は、各般の利害調整であり、限られた財源の配分によって全体最適をめざすものです。最大公約数の実現とも言えます。

　換言すれば、予算は政治的機能を多く含む現実的な運用が行われる点もかなりあるのです。これまで、予算をめぐる議論は、この部

分を等閑視し、「完全合理主義」によると理解されているようでした。

　政治という言葉には、ネガティブなニュアンスを感じるかも知れませんが、何かを選択し、何かを選択しないことは、ある種の方針やモノサシを持ちながら、利害調整が行われていると考えることができます。

　なお、予算から、個別の事業のみを取り出しての評価については、それ自体としての意義はありますが、一定の限界があり、その事業を含む施策や政策全体をみていくことも求められます。さらに、もともと自治体も中央政府とともに、市場の失敗を是正する機能を担っていますから、地域全体のパフォーマンスを見ていくことも大切となります。

3

予算の種類

（1）当初予算と補正予算

　当初予算は、年度開始前に編成する予算であり、補正予算は、年度途中にその時点の予算に対して追加、減額などをする予算です。

　コロナ禍対応などによって最近は補正予算が増加しています。今後も、世界情勢の不安定化による我が国の経済、エネルギー事情に対する影響は避けられず、政府による対策が求められ、自治体もそれに応じた事業を盛り込む補正予算は増えてくるでしょう。

　自治体も国内外の情勢の影響をかなり受ける状況となっており、職員一人ひとりも身近なことから世界情勢までアンテナを高くして、幅広い情報入手について努める必要があります。

　当初予算と補正予算は、その編成時期の違いばかりではなく、両者は、予算編成、特に、予算要求の視点から大きくその性格を異にします。

　当初予算であれば、シーリングで対前年何％削減といった要求基準が設けられるのが一般的ですが、補正予算では、新規事業と既往事業の追加又は減額であり、基本的にこのような一律の要求基準は設けられず、一件ごとの査定となります。そこでは、その緊急性と財源手当が重要なポイントとなりますが、その事業の効果の検証もしっかりと行う必要があります。

（2）骨格予算と肉付予算

　骨格予算は、人件費や公共施設の維持管理費など経常的に支出する経費やすぐに予算化をしなければ市民生活に影響が出る経費を計上する予算であり、通常、春の首長選挙を控える自治体で編成されます。

　肉付予算は、選挙後の首長のもと、政策的経費や新規事業を追加する補正予算のことです。

　最近は、取り組むべき様々な行政課題があるとされ、骨格予算の規模が大きくなる傾向が見られます。

予算の官民比較

　行政と民間企業では、同じ予算という用語を使っていても、その機能を異にします。

　民間企業の予算は、事業を運営していくための経営管理のツールの一種です。一方、行政の予算は、議会の議決による「法的な性格」が与えられています。予算の背景には、税という強制徴収権を担保された民主政治の根幹の制度が存在しているのです。

　民間企業の場合、「売上」「利益」という明確な目標が掲げられるため、予算は時々の経営状況に応じて、ある程度柔軟性を持って伸縮することが可能です。

図表1-1　予算の官民比較

項目	民間企業	行政
予算の意義	経営の目標を実現するための経費見積もりであり、管理手段となるが決算の方が重要	政策、事業を金銭によって数値化したものであり、議会で議決され、行政経営の統制手段となる
予算の対象	事業活動の一定期間の目標値であり将来予測	行政ニーズ又は行政課題であり、そのために投入される金額と財源
予算管理	予算は目標値であるが、売上げなどによって、増減することも	予算の範囲内の執行を原則とする
予算の評価対象	商品、サービスの売上高など企業活動そのもの	予算どおりの執行。事業実績も評価

このように民間企業は売上や利益を中心に経営を行うために、「予算」はあくまでも「見積」的な位置づけとなります。また、株主の関心は「予算をいくら使うか」という途中経過の手続き的なところではなく「その結果いくら利益を上げたか」という成果にこそあり、必然的に予算もその為の目安・調整弁に過ぎないのです。

　しかし、民間企業の方が、予算の運用が自由であるから、コスト管理が甘いという訳ではなく（ex. 多くの企業は公認会計士による監査が入りコストの適正化が図られる）、通常、行政の方に無駄が多いと言われています。

　行政の政策、事業の成果を検討するには、コストの要素は、不可欠ですが、それだけではなく、民主的な手続きや継続性なども重要であり、それらを総体で数量化したのものが予算であり、民主的なコストも含まれることになります。単なる無駄か、そうではないかについては、判別が難しい面があり、行政の非効率が残る一因と考えられます。

5

予算と事業

（1）歳出予算と事業別予算

　歳出予算とは、款、項別の金額となりますが、実際の予算編成では、一つひとつの事務事業を基本としていることが多く、予算要求と称しているのは、予算の金額を構成する事業費の見積もりのことを指すことが一般的です。これは、「事業別予算」と考えることができ、実態としては、各事業費が予算と同一の意味に捉えられています。事業費を積み上げて、予算となるのですから、その精査をすることは当然ですが、議決対象はあくまで款、項の金額であり、この中で、政策目標の実現をはかることが予定されているのです。

　ちなみに地方自治法施行規則では、予算（議案）の様式については、個別事業の記載については、示されていません。歳出事項別明細書の説明欄に内訳を記載できることになっているだけです。

　このことについて、観光客誘致を図る予算を例にして、考えてみましょう。

　キャンペーン開催の経費を見積るとして、個々のイベントの積算単価や開催回数などの数値は大切ですが、同時に、効果的なルートの開拓や、どれだけの人脈があり、どのような連携ができるか、営業力のようなものが重要となります。それは、予算で見積もられたイベントなどの単独の事業だけによるものではなく、項（観光振興費など）の中の様々な他の事業の展開とともに、人件費や事務費などによる担当職員の活動などが大切になると考えられます。

すなわち一つの事業費だけではなく、観光客誘致を進める関係の職員の活動やそのネットワークの機能によって、大きく施策の成果が左右されることがあり、予算はその枠の権限を首長に与えていると考えることができます。

（2） 事業費と人件費

予算要求において各事業を見積もるにあたっては、ほとんどの自治体では、これに関わる職員の人件費は含まれず、別途の積算となっています。

しかし、職員の配置と事業予算はセットで考えなければ、トータルコストをみていることにはなりません。今は、予算化される委託料であるとか、材料費などの直接経費だけをコストと意識し、人件費を含む間接費が埋没しています。最近は公会計によって、分析の研究が進められていますが、公会計の手法がそのまま予算に適応されている段階にはありません。

人件費をコストに含めなければ、事業費が実際より低額となり、必要以上の事業拡大が起きてしまうかもしれません。例えば、50万円の事業で、職員2人で6か月かかるとすれば、1人通年分の人件費相当額800万円を加算して850万円と把握しなければなりません。しかし、今の予算編成における事業費には、この人件費は含まれず、50万円で他と比較しているわけです。最近、IT などの技術革新によりアウトソーシングの対象範囲は拡大していますが、人件費の節減効果がカウントされなければ、財政当局から見るアウトソーシングは「予算の増加」になってしまうのです。

また当該年度は委託料で充足できたとしても、その翌年度以降シーリングでその委託費が削られることになれば、事業の実施に支障が出る懸念が出てきます。このような懸念が生じるとすれば、定数を守ることが唯一の道という事になってしまいかねません。

足立区では、人件費を含む一般財源を各部に配分する「包括予算配分」方式がとられています。人件費もコストとしてしっかり意識され、定数削減の見合いで、事務事業費が捻出できるなど、より自律的な組織運営が可能となります。

6

予算編成手法

（1）予算編成手法

　予算編成では、各事業を一件ごとその内訳までも精査して積み上げていく「一件査定」（個別査定）が、普及している手法となっていますが、予算編成手法の研究や実践も国内外で進められてきており、そのうちいくつかを紹介します。

①ゼロベース予算

　アメリカのカーター元大統領が、ジョージア州、連邦政府に導入した手法です。予算要求する末端の部局で、予算会計上の管理責任の単位を意思決定単位（ディシジョン・ユニット）として設定し、これを廃止、又は継続しても存在の意味をなくす資金の水準をゼロベースと名づけ、一定の予算を上乗せする場合の効果を分析し、政策目的の検討や代替的活動を見出そうとするものです。

　行政の方向性やその重点施策などについて広く共通認識が存在していれば、個別事業を精査する手法としては、有効ですが、厳しい財政状況と多種多様な行政課題が山積する今の時代においては、プロジェクト単位で根本から検討して、比較することは、あまり現実的ではなく、実行できたとしても、既得権ゼロとした場合の反発が大きくなることは否定できないでしょう。

　ただ、シーリングによる予算の編成を何年か続けて、その間にゼロベース予算の理念を入れ込むような工夫をすることは有効と考え

られます。

　また、補正予算では、一から事業費を積み上げることも行われますので、ゼロベース的な観点も含まれている、とも言えます。

②マトリックス予算

　行政サービスが、供給される地域のみではなく、他にも便益が及ぶことをスピルオーバーと言います。これと似ていますが、一つの事業の効果が、複数の分野にまたがることがあります。例えば、子育て支援事業として、親と子どものためのコンサートを開催すると、市民文化の振興にも役立ちます。さらに、託児サービス付であれば、関係のNPOなどの支援にもつながることもあります。部局ごと、縦割りになっている事業を政策分野のモノサシで横割りでおさえようとしたのがマトリックス予算です。

　三重県の北川知事の時代ですが、縦割り行政の弊害を排し、総合行政として機能するよう部局と施策を縦横のマトリックスで考え、部局横断型の施策の推進を重視する予算が編成されました[1]。

　マトリックス予算を導入する場合は、各政策分野の主管者が、権限を持ってリーダーシップを発揮して、優先順位などを決めることができるかが、ポイントになります。

　なお、公共施設マネジメントやDX（デジタル・トランスフォーメーション）などにおいて、所管の責任者が、庁内全体これに係る予算要求を一覧的にみて、チェックする取り組みは広がっています。

③枠配分予算（シーリング）

　枠配分予算又はシーリングと呼ばれる手法は、査定する側の事務の省力化と要求側への権限委譲の両方をねらうものとして、多くの自治体で導入されています。

　なお、基準内において、事業課の裁量が尊重されるのが枠配分予

算とするのに対して、あくまで予算要求の基準であり、要求内容を精査するのがシーリングと区分することがありますが、ここでは、両者を一体として説明を進めます。

　対前年比何％削減などいった要求基準を定め、その枠内であれば、事業課の裁量が相当程度尊重されるという方式です。財政課の査定権の一部を事業課に移譲するものといわれ、事業課における内部の調整に期待と責任を持たせる仕組みとなっています。事業課の予算担当者は、基準におさめるために、財政担当者のように事業の削減など行い、要求額を調整する業務を行うことが期待されています。

　ただし、全ての経費が枠配分の対象となるのではなく、対象外となる経費があり、これは、人件費、公債費、扶助費[2]などの義務的経費であったり、自治体の重点施策経費などになります。これらは、いわゆる「一件査定」と称して、事業ごとに経費の精査がなされることになります。

　この手法では、現状の財源配分が固定化しがちになることが課題と言われています。本来、政策分野ごとの重要性は異なり、また、そのウェイトも毎年変動するはずです。この結果、本来伸ばすべき分野が基準の壁に阻まれてしまう一方、見直すべき分野の事業や経費が温存される、という傾向が生じてしまうことがあります。

　これに対しては、別枠の「○○推進費」「▲▲重点施策経費」などを設ける工夫がなされており、政策の重点化がはかれるという意味で一定の効果があると言えます。

　また、それ自体は節減が難しい固定的な経費の占める割合によって、裁量の幅が部局によって相当程度異なることがでてきます。例えば、借地料や庁舎の賃借料などが、シーリング対象経費に含まれていれば、それに係わる圧縮分として算定される経費は、ほかにしわ寄せされることになります。

　さらに、大きな事業費を持っている部局は、ある程度融通がきき

ますが、そうでなければ、枠といっても、基本的には事業は積み上げの計算になるので、やりくりが困難な場合がでてきます。

　要求枠の設定においては、歳出ベースよりも一般財源ベースが主流となっており、収入を増やせば、事業費を増額できるといったインセンティブが働く効果が期待されています。

7

総合計画と予算

●総合計画と予算

　総合計画に盛り込まれた事業を具体化する機会が予算となりますが、すべてが予定どおりに予算化される訳ではありません。この計画の実施のためには、3年間程度の実施プランなどが作られることも多くなっていますが、総合計画は比較的長期スパンの計画であり、その中の事業は5〜10年前に想定されたものです。計画的行政を進めるという基本的な姿勢は大切ですが、変化の激しい現代において、むしろ、別事業として実施した方がよい場合や、計画時点では必要とされていなかった施策が急浮上することは、珍しくないでしょう。

　しかし、計画以外の新規事業を要求する場合に、簡単には予算化は認められないのです。本来は、状況の変化に対応しようとしているのですから、それ相応の理由はあり、計画事業と並べて検討されてもよいはずですが、そうはならないケースが多いのが現実です。

　そこで、まずは、事業の必要性や緊急性を訴えることはもちろんですが、まったく新しい事業という整理ではなく、既存の計画事業のレベルアップととらえることができないかの検討です。手続き的、時期的に難しい場合もありますが、計画へ新たに追加も考えられます。また、サマーレビューなど予算編成に先立って各部局の懸案事項の検討の場に、提案することが考えられます。さらに、議会質疑の中で喫緊の課題であることを首長の認識なども含めて明らかにしていくことも有効な手立てになっていきます。

8

公共施設等総合管理計画と予算

●公共施設等総合管理計画と予算

　ほとんどの予算編成方針において、公共施設の整備の予算については、公共施設等総合管理計画に基いて要求することが示されています。

公共施設の整備や大規模な改修などの予算要求において、最も重要な根拠となるのが、この公共施設等総合管理計画であり、その下に紐づけられた個別施設計画です。

　全国において、高度成長期に建設された公共施設の老朽化が進み、また旧耐震基準のままの施設については、大きな震災が生じたときの安全性確保の問題があります。また、人口減少社会を迎え、特に、平成の大合併をした市町村は、同種の施設が重複し、利用や必要性が少なくっている施設が多く出てきています。これらの対策を図るために、公共施設等総合管理計画の策定が求められたものです。

　この計画は、公共施設を所管しているすべての部局が関わる計画であり、施設の長寿命化、統廃合をしっかりと進めていかなければなりません。

　しかし、計画の実行、すなわち公共施設の見直しなどの実行性ある取組みは緒についたばかりです。公共施設の数と面積を減らさなければ、当然施設の維持管理コスト（ランニングコスト）もまた高止まりしていることになります。

　自治体の現場では、建設コストとその他のコストとの関係は、建

設コストの負担のみを注視しがちですが、実際は、これらのほかに、保全コスト（維持管理、修繕等・改善）、運用コスト（光熱水）、そして解体処分コストがかかります。

　むしろ後者の割合が大きく、全体の80％程度を占めると考えられることから、建設コストは、氷山の一角と言えるのです（下図）[3]。

図表1-2　公共施設のコスト

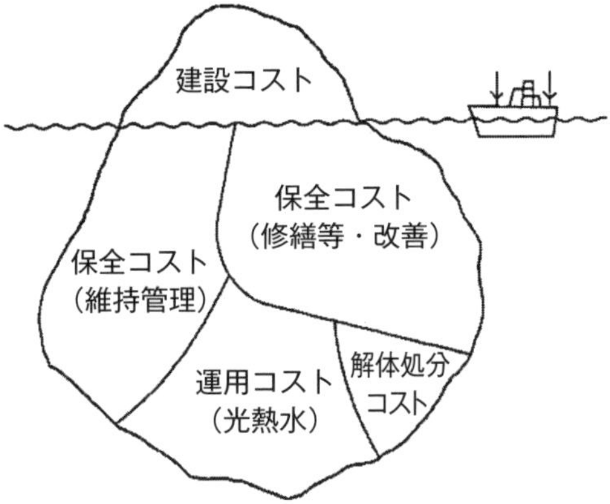

　施設建設時の負担のみを考えて、施設建設を行ってしまえば、財政に大きな負担をもたらすことに留意しなければなりません。

9 行政評価と予算

（1）行政評価への対応

　予算要求の際に、行政評価を踏まえることが求められますが、一定の限界もあります。

　行政評価は、一般的に、その事業ごとに効果や必要性などを評価するものです。

　行政評価がそのまま予算査定に利用できれば、職員の労力はかなり省かれるでしょうが、実際は、参考にされるものの、限られた財源の中で、何を優先し、どこまで財源を配分するかといった、予算の配分効率性まではカバーするものではありません。

　しかし、予算要求においては、行政評価において、肯定的評価が高い結論となっていれば、それを追い風にして説明することも有効ですし、そのような評価がなければ、別途、しっかりと説明する必要があります。

（2）行政評価の課題

　行政評価における指摘では、「住民への周知をもっと効果的に行なうべき」「対象の見直しを検討せよ」「類似事業との棲み分けを考えよ」など様々なものがあり、予算要求に際しては、これらを踏まえて、内容を作りこんでいく必要があります。ただし、あくまで事業単独でみた時の指摘であって、また、「監視」的な仕組みとして機能するといった性格を理解しておく必要があります。たとえば、

首長の肝いり事業など政治的な意味合いが濃いようなものついての判断は明瞭でないものが多いでしょう。

行政評価は受益者、対象者の満足度の測定を行い、そこに数値目標が設定されることが多く、その目標値を目指すことが求められています。しかし、予算では、個別の事業における満足度の最大化とあわせて、または、それ以上に、限られた財源を最大限生かす観点が重要です。

実際、財政が厳しくなっている現状においては「住民満足度が高い事業」≒「継続すべき事業」とは言えなくなってきています。

なお、行政評価において人件費や間接コストを含まないいわゆる「予算（事業費）」のみを提示している場合には、住民満足度を割り引いて考慮する必要があります。住民満足度を測るのであればABC（活動基準原価計算）などの手法を用いて人件費（＋可能であれば間接費や減価償却費）を含んだトータルコストを提示した上で、住民から評価を受けることが指標の信憑性を担保する必要条件と言えます。

また、部分的な合理性と全体との整合性の問題もあります。一つの事業が不十分な成果だとしても、他の事業を含めた施策、政策の中で共創的な効果が生まれ全体として効果が発揮できることもあります。

注

1　「生活者起点と職員の意識改革による行財政改革」http://www.masse. or.jp/ikkrwebBrowse/material/files/saizen14_1k.pdf
2　生活保護費や医療助成費など個人へ給付される経費や、保育所や障がい者施設などの福祉施設運営に充てられる経費など
3　国土交通省大臣官房官庁営繕部監修「建築物のライフサイクルコスト平成31年版」（一財）建築保全センター

第2章

予算編成

予算編成の根拠

（1）法的根拠

　予算については、地方自治法に財務の規定の章があり、地方財政法に種々の原則が定められています。

　地方財政法第3条第1項では「地方公共団体は、法令の定めるところに従い、且つ、合理的な基準によりその経費を算定し、これを予算に計上しなければならない。」とし、第2項では「地方公共団体は、あらゆる資料に基いて正確にその財源を補そくし、且つ、経済の現実に即応してその収入を算定し、これを予算に計上しなければならない。」と規定。さらに、同法第5条で「地方公共団体の歳出は、地方債以外の歳入をもって、その財源としなければならない」と経常勘定収支均衡の原則を定めています。

　これらの規定から、地方自治体の予算は、大胆な手法（例えば、何年間は赤字予算で、それによる経済効果を見込んで、後年次に黒字予算を編成する）は予定されておらず、民間企業、市場の邪魔をしないような静態的な自治体像が基底にあるように見受けられます。

　自治体の予算編成の具体的な手続きに関しては、他の会計手続きと一体の財務規則か単独の予算規則に規定されています。これらをみると、地方財政法の規定の趣旨をトレースしたようなものが多く、実際の予算編成は様々な工夫や改善が行われているのにもかかわらず、その根拠となるこれらの規則は、予算編成方針に基づき予算要求書（予算見積書）を○○長に提出するといったように、ほぼ大枠

の規定で、どのような予算編成でも、可能なような建付けになっています。すなわち、予算の枠組み及び内容をも規定していくような重要な予算編成の手続き自体は、議会の審議を経なくても、いわば内部管理事務として、理事者側の大幅な裁量のもとに、決定されているということになります。予算は長のみに提出権があり、議会はこれを侵せない、という法的原則の反映とも言えるのかもしれません。

（2）予算査定とは

　ちなみに予算査定というのは法律用語ではありません。通常は、財政課が、事業課から予算要求をされた事務事業費について、必要性や金額の精査を行う行為と理解されています。しかし、予算を提出するのは首長であり、首長は、このための調整をする権限を持っており、財政課はあくまで補佐として、予算の前裁きと取りまとめをしているのであり、それが、予算要求書や見積書などを調査、審査などである、と理解することができます。

　しかしながら、予算は自治体の財政運営の根幹をなすものであり、予算を編成する過程にかかる財政課の権限をそれ自体、独立したものと考えたり、絶対的なものととらえる向きが多いようです。長の権限を受けて業務をしている点においては、自治体の各課は同等のはずであり、いわゆる査定権の不可侵化は、行政経営を逆に硬直化させかねない懸念があると言ってよいでしょう。

　したがって、事業課からみれば、決められたルールは守らなければなりませんが、財政課の査定を必要以上に絶対化するのではなく、要求が、地域や住民のためにどうしても不可欠な事業であり、妥当な金額であると考えるならば、途中の査定において厳しい判断になったとしても、首長の復活要求など、あらゆる機会をとらまえて、必要性を訴えることも時に必要な行為となるのです。

人口減少時代の予算編成

●事業課の役割と責任

　少子化が進み2022年の出生数は、約77万人となりました[1]。総人口は、2008年にピークを迎え、減少が続き、2070年には8,700万人になると見込まれています[2]。この中で、東京一極集中は、コロナ禍で一時期変化があるようにみえましたが、再び進んでおり、地方の人口流出がなかなか止まりません。

　人口増加の時代であれば、その方向を間違わなければ、課題解決を図っていくことができましたが、人口減少の局面では、時間をかけすぎると、状況はより悪化して、元に戻らないような事態も生じますので、政策のスピードが極めて重要となってきます。

　予算編成で考えますと、人口増加に起因する様々な課題に対して増えていく財源の配分によって解決していくというやり方から、限られた財源に加えて、公民連携などによる効率化や稼ぐ工夫と改革の取り組みを断行しながら、その地域に真に必要な政策を展開するものにしていかなければなりません。

　すなわち、過去の実績や他都市比較など従来の延長線上に事業費、予算を決めていくのではなく、事業を担う事業課が財政課や関係機関と連携、責任をもって事業を組み立て、スピーディに、予算をつくっていくことが求められるのです。

　なお、まだ一部に留まっていますが、予算編成の公開については、財政課の査定と事業課の要求内容双方に緊張感をもたらすとともに、

政策形成の透明化をはかるものとして、期待されます。

　このような予算編成における事業課の役割と責任が大きくなるとともに、予算の評価についても、その全額という量的なものから、行政の活動だけではなく、公共サービス全体の成果ないし価値の総体を考えることにシフトする方向になっていくと考えられます。

　人口減少時代においては、地域の課題に向き合い、未来を切り開こうとする事業を構築する予算要求こそ、予算編成の中核たる重要な行為であり、一つひとつの見積もりを行う事業課の職員には強い誇りを持っていただきたいと思います。

12

予算編成方針

（1）厳しい認識を強調

　予算編成方針とは、その名称のとおり、予算編成にあたっての経済環境の認識から具体的な編成手法まで書き込まれている新年度予算編成のための公式通知です。発信者は、首長、副首長から財政部長など、自治体によって区々ですが、予算編成の基本となる重要な文書です。なお、特に行政運営の方針を別途通知する自治体もあります。

　この方針においては、内外の厳しい経済環境⇒多額の財源不足の発生→厳しい財政状況＋重点政策の実現⇒例年以上に事業の取捨選択、見直しを求める、という流れで書かれることが多く、その後、具体的な編成手法が示されています。

　これまでどの自治体も、どの時代においても、同じように「財政は厳しい」「お金はない」という厳しい認識が示されてきました。これによって、職員の安易な認識や現状維持といった姿勢を打破しようとしている意図が強く出されていますが、事業課が、必要以上に、深刻に受け止めて、消極的な姿勢になって、チャレンジ精神を失ってしまうようなことがあれば本末転倒と言えます。財政の健全化は、あくまで、安定的な行政サービスの基盤を保持しようとするものであり、それ自体が目的ではないでしょう。地域の課題解決のための必要な行政サービスが展開できなかったり、新しい政策課題などへの対応に遅れをとっては、住民の期待に反することになって

しまいます。

（2）予算編成方針の構成

　予算編成方針では、新年度の経済、財政見通しのもと、どのような政策を重点にしたまちづくりを行おうとしているのか、そのための予算をどのように編成するのかについての基本的な考え方を明らかにします。

　予算は、その内容が重要なのは当然ですが、その編成の手続き自体も同様に重要と考えられます。なぜなら、その手続によって、内容や事業規模などが規定されることがあるからです。

　予算編成方針に記載される項目は、例年どおりが多いものですが、注意したいのは、前年度からの変更点です。それは、予算編成で重視するところや査定のポイントになるところが示されていることが多いからです。また、些細な表現の変更に見えるようなところでも、そこに財政課が予算査定の取り扱いを微妙に変更しようとしている可能性もありますので、注意深く読み込みましょう。

　予算編成方針はおおむね次のような構成となっています。

　○社会経済動向

　○国の財政、予算の動向

　○当該自治体の財政状況

　　・財政構造及び現状分析

　　・収支不足額

　○編成の基本的な考え方

　　・重点政策

　　・総合計画の推進

　　・行財政改革の推進

　○歳入の見積

○歳出の見積

　・予算要求基準（別紙になることも）

○特別会計

○日程

　これらが標準仕様となりますが、自治体によっては、別紙などで見直し基準などを追加する場合があります。

予算編成の流れ

（1）余裕のないスケジュール

　予算のスケジュールは、大変タイトな状況になります。財政課は、予算見積書の提出を待って予算査定となりますが、事業課においては、予算要求するための準備、すなわち、その対策は、日常業務と並行しながら、事前に進めることがかなりできます。

　予算編成の一般的なスケジュールは次のようになっています。

　　・予算編成方方針の通知、予算説明会　10月中〜下旬
　　・経常的経費要求締切　　　　　　　　11月上旬
　　・予算要求の公表　　　　　　　　　　11月中旬
　　・経常的経費ヒアリング　　　　　　　11月中旬
　　・臨時的経費（重点事業）要求締切　　11月中旬
　　・臨時的経費（重点事業）ヒアリング　11月下旬
　　・財政課長査定　　　　　　　　　　　12月中旬
　　・予算の市民説明会　　　　　　　　　12月中旬
　　・首長査定　　　　　　　　　　　　　1月中旬
　　・最終内示　　　　　　　　　　　　　1月下旬
　　・予算案公表　　　　　　　　　　　　2月上旬

　予算編成にとって重要な国の方針や地方財政計画が示されるのは、毎年12月になりますので、どうしてもこのような段取りにならざる

を得ません。

　地方の財政は、今でも国家財政に大きく依存していると言わざる
を得ません。国と地方の会計年度が４月から３月までと同一である
ことから、国の予算が固まってこなければ、すなわち、地方の予算
は、地方財政対策が明らかになってはじめて、確たる歳入の見通し
が可能となってきます。

　したがって、秋以降の短期間に予算編成作業を一気に進めていか
なければならないことになります。

　毎年の恒例行事とも言える作業に、膨大な時間とコストをかける
必要があるのか、といった疑問の声があります。臨機の対応と本質
的な制度改革が求められる中で、当初予算の編成に多くのエネル
ギーを投入しても、その前提となる社会経済環境の変化が激しく、
職員の健康管理の面からも、働き方の観点からも労力を軽減する手
法を検討することが求められるでしょう。

　なお、予算編成方針から要求締切まで１か月を切る短期間勝負に
みえますが、実際のところは未定稿の見積もり要領といったものが
９月頃に示されことが多く、これによって、実際の要求作業がス
タートします。

（２）予算編成の流れ

　予算編成の多くの共通的なパターンを示すと**図表２−１**のように
なります。

図表 2 - 1　予算編成の流れ

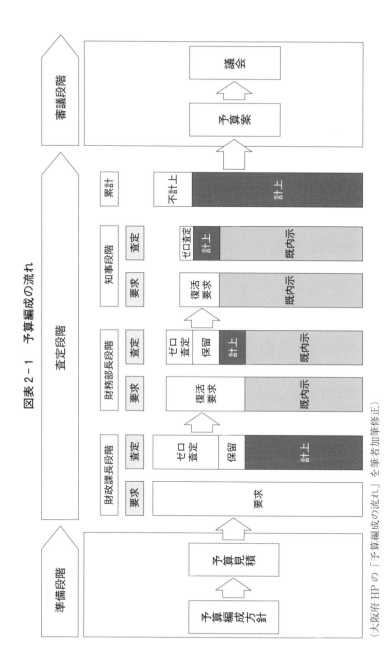

（大阪府 HP の「予算編成の流れ」を筆者加筆修正）

第1段階は、準備段階です。新年度の予算編成方針が、副知事（副市長）や総務部長などから各部門のトップに通知され、それを受けて、事業課は、事業を実施するために必要な予算の見積もりを行います。

第2段階は、要求、査定段階です。事業課は財政課に予算要求書を提出し、経費の区分によって異なりますが、財政課長や担当者に対して、事業の内容、必要性、金額の見積もり等を説明します。財政課は、事業課との折衝の上で、予算化の必要性、見積もり金額の妥当性等について検討し、財政課長の段階において、予算計上を認めるもの、認めないもの、判断を保留するものを決めます（財政課長査定）。このあと、事業課に「内示」します。

事業課は、総務部長（財務部長）に対し、必要な事業の復活要求をします（ない場合もあり）、例は少ないですが、特別に追加要求する必要なものを要求し、総務部長が予算計上の有無や金額を決める（総務部長査定）ことを行います。このあと、総務部長内示がなされます。

知事（市町村長）段階においては、原則、政治的な判断が求められるなど重要な事業が上げられます。自治体の中では、議会各会派から予算に対する要望を聞き、主要な事業について各会派に説明を行い、ここでの議論を踏まえ、「知事査定」が行われます。

第3段階は、審議段階です。まとまった予算案が公表され、議会に提案され、審議されます。

（3） 予算編成過程の公開

地方分権時代となり、政策形成過程において、できるだけ住民の意見を反映させる住民参加の手法の重要性の認識が広がり、予算編成過程の公開が進んでいます。

住民がまちづくり、政策づくりに参加するためには、実際の事業

の実施や計画策定時だけではなく、その事業経費を見込む予算を編成する段階において、住民の意向を反映されることが大切と考えられます。

　また、予算要求の内容を公開することは、圧力団体等からの要請に対する牽制効果もあります。最近は、情報公開が進み、明白な圧力と言えるような要望は少なくなってきていますが、その未然の抑止効果も考えられます。

　ただし、公表内容については、その多くが、部局単位の予算要求総額又は、主要事業の要求額と内容などとなっており、予算の対象事業の査定プロセスがすべて公開されている訳ではありません。政策形成過程では、様々な議論がなされ、その都度増減するような査定額を公表することは、かえって、自治体の方針や首長の政治スタンスに疑問符がつくようになる懸念もあり、慎重な対応が求められると考えられます。

（4）補正予算対応

　最近は、政府において、新型コロナウィルス感染症対策、エネルギー価格高騰、物価高対策など緊急対策が講じられ、それにともなって、自治体の補正予算対応が求められる場面が増えています。

　補正予算では、予算要求から首長査定、そして議会に予算を提案するまでの時間が限られています。国の予算案はいきなり公表されるのではなく、それまで、閣議決定や担当閣僚の発言や首相の国会答弁などに方針や方向性が示されますから、様々な媒体やルートを活用しながら、素早い情報収集が欠かせません。

　さらに、庁内においては財政当局にも常に連絡をとりながら、必要な対応を講じることが求められます。

注

1 令和 4 年（2022）人口動態統計月報年計（概数）の概況

2 日本の将来推計人口（令和 5 年推計）】国立社会保障・人口問題研究所

第3章

予算要求

予算要求とは

（1）自治体の仕事と予算要求

　地方分権改革によって、国と自治体の役割が地方自治法に明確に規定されました。

地方自治法

【地方公共団体の役割と国による制度策定等の原則】

第一条の二　地方公共団体は、住民の福祉の増進を図ることを基本として、地域における行政を自主的かつ総合的に実施する役割を広く担うものとする。

②　国は、前項の規定の趣旨を達成するため、国においては国際社会における国家としての存立にかかわる事務、全国的に統一して定めることが望ましい国民の諸活動若しくは地方自治に関する基本的な準則に関する事務又は全国的な規模で若しくは全国的な視点に立つて行わなければならない施策及び事業の実施その他の国が本来果たすべき役割を重点的に担い、住民に身近な行政はできる限り地方公共団体にゆだねることを基本として、地方公共団体との間で適切に役割を分担するとともに、地方公共団体に関する制度の策定及び施策の実施に当たつて、地方公共団体の自主性及び自立性が十分に発揮されるようにしなければならない。

国の役割を限定的に列挙し、それ以外の住民の身近な行政は、地方自治体に委ねられることが確認されたのです。従来から、自治体の仕事は、法律の執行と言われてきましたが、このように国と地方の役割から考えて、法が規定していない領域や、予定していないことに数多く直面します。行政は、地域課題を解決するための行政サービスが求められているのであり、これを裏付けするのが予算であり、その要求の機会を積極的に生かすことが求められます。

（2）予算要求の意味

予算と言えば、これまで予算査定を行う財政セクションの差配に注目が集まってきました。確かに、全体の大枠を調整していることは間違いありませんが、事業課からの予算要求があっての査定であり、この要求される事業の質によって、予算の成果が左右されるはずです。

ここで、予算を自治体の一つの作品と考えてみましょう。映画や演劇を作り上げるときで考えるとイメージがより鮮明になります。

プロデューサーの役割は財政課となるでしょう。プロジェクト全体の管理、すなわち、スケジュールからキャスティング、経費や資金調達など全般を担当します。

では、事業課は何の役割でしょうか。実際に事業を執行する役者であるとともに、事業を企画するのですから脚本家、さらに、事業の細かい設計など行う演出家の役割も担っていると考えることができます。

それぞれの役割が果たされてはじめて、一つの作品が完成するのであって、決して、プロデューサーだけによって作品ができるわけではありません。

1990年代後半、全国初の事務事業評価システムを導入して、地方分権の旗手となった三重県の北川知事は、総務部が査定する人、各

部が査定される人、という関係をあらため、各部が自己査定を行って、予算編成のための実質的な討論、決定は新たに設置した財政会議が担い、財政課を予算調整課に名前を改めました[1]。

　この三重県の改革には、実質的な予算は誰が作るものなのか、という本質的な問いがあって、制度化が進められたと考えられます。

　あらためて予算要求を考えますと、当然、自己査定の要素は入ってきますので、そもそも予算要求という収入や事務事業の見積もりとこれを精査や取捨選択する予算査定と言われる行為は、オーバーラップするところがあると言えます。

　しかしながら、自治体の現場においては、権限や事務分掌などから両者の役割が明確に分かれていると思われています。予算要求と予算査定という仕事は互いを補うものであって、フラットで捉えていくべきであり、そうだからこそ、実際に事務事業費を見積もり、施策を進めようとする各事業課の担当者のパフォーマンスに、大いに期待が寄せられるとともに、責任も伴ってくるのです。

（3）予算要求の根拠

　一般的に、事業課から財政課に提出される次年度に行う事業の予算見積もりを予算要求と称しますが、財務規則（予算規則）上は、予算見積書（栃木県財務規則第10条など）、予算に関する見積書（香川県予算規則第6条など）や予算要求書（岩手県予算規則第5条など）などと規定されています。

予算要求のステップ

（1）予算要求のステップ

　予算をできるだけ多く確保したいというのが事業課の一般的な心情でしょう。予算要求では、様々な角度から、事業の必要性や金額の確保などを主張することになります。

　要求の根拠や踏まえるべきものとして、法令、条例、国、県の動向、総合計画、分野別計画、行政改革方針、議会での審議、住民要望、関係団体の要望など多方面にわたります。

　しかし、行政ニーズの定量的把握はそれほど容易ではなく、また、サービスの対象者が少なくても、その必要性や制度、議会答弁などによって実施しなければならないものもあります。

　予算要求は、狭義では、予算編成方針と予算見積要領に基づいて定められた様式によって歳入歳出予算に関わる事務事業費などを要求する活動のことですが、広義でとらえれば、その基礎となる計画づくりや行政評価、行政改革なども含めることができるでしょう。実際は、それ以前から、調査や新たな課題に向けた対策などを議論する研究会設置なども求められることもあります。日々課題解決のための準備を怠らないことが大切となってきます。重点政策のピックアップや事業の見直しなどは、サマーレビューなどとの名称で、予算編成前に行うことが多くなっています。

　決められた予算編成のスケジュールはタイトであり、受け身の姿勢になってしまえば、煽られるような感じになったり、主張するべ

きことも主張できず、ということになってしまいかねません。

図表 3 - 1　予算要求（広義と狭義）

予算要求事前準備	予算要求（広義）	予算要求（狭義）
・調査(内外各都市、民間企業) ・審議会開催 ・研究会開催	・計画づくり ・新規事業の庁内検討会議 ・行政評価 ・行政改革	・歳出予算要求 （詳細な積算基礎） ・歳入予算要求 （財源）

　事業課においては、常に問題意識を持って、目標をたて、スケジュールを固め、着実に業務を進めていくことが大切です。特に、懸案事項があれば、早めの対応を心掛けましょう。当初想定したよりも時間がかかることが珍しくありません。

　また、この予算編成の時期は、1年の中で各事業が本格的にスタートしたり、イベントの準備・開催にあたることも多く、予算以外の突発的なことに対応しなければならないことも出てきます。予算要求の事務に十分な時間が確保できないことも起きかねませんので、段取りを組んで余裕をもって事務ができるようにしましょう。

予算要求の準備

（1）事前の準備

　予算要求作業は、決して正式な通知をもって始まるものではありません。予算編成方針、予算見積要領などが通知されたときは、事前の準備を終えていることがことが望ましいと言えます。

　事前準備は大きく分けると次の３つになります。

◇これまでの予算編成時の指摘や懸案事項への対応
◇新たな行政課題への対応準備
◇過去の予算資料などを確認して、資料作成やポイントなどをおさえる

　まず、行政評価や監査、前年の予算査定などで見直しや改善などの指摘があるものについては、十分に検討して、一定の方向性を出しておくことが求められます。また、長年の懸案事項についても、すぐに結論は出すことは難しいとしても、進捗状況を示すことができたり、スケジュール感をより明確にしておく必要があります。

　新たな政策課題や所管業務にかかる制度改正の動きなど出てきたら、把握した時点から、各種報道や、文献や関係する機関の活動などについて、リサーチ又はその準備を行うことが大切です。また、業務に大きな影響が及ぶような事案を感知したときは、その認識を組織内で共有しながら、情勢分析などをした上で検討会や研究会な

どを発足させて、そこで専門的、総合的な議論を始めることが必要になるかもしれません。

　また、東京駐在の職員などにも動いてもらい、関係省庁からの情報を積極的に収集し、国の動向を可能な限り的確に把握するようにすることが求められます。

　いかに、事前に準備ができているかで、予算の質と所要の作業量が違ってくるはずです。

　予算は政策であると言われますが、できるだけ政策の方針は事前に固められ、予算編成が公式にスタートした段階において、手続き、具体的な実行内容、それに要する経費の積算を盛り込んでいく、という段取りにすることが戦略的な対応となります。そうでなければ、限られた時間の中で、時間切れの中途半端な要求内容になってしまう恐れがあります。また、きちんと関係部局との協議や財政当局と財源面などに関してベース部分を詰めておく必要があります。

（2）自分の自治体を知る

　地域経済の疲弊や、少子化、人口減少の状況やデータは、予算編成の基礎をなすものであり、また、すべての所管に関係し、これらを念頭に置いた対応が求められます。

　また、事業課の職員でも自治体の財政状況をきちんと理解しておくことは大切です。財政指標には、財政力指数、経常収支比率、実質公債費比率などがあり、財政状況資料集なども活用して、類似団体との比較や経年変化などは、しっかりと確認しておきましょう。疑問などがあれば、財政担当者に聞くことも、互いの関係を深めることにもつながり、有効です。なお、類似団体などと比較でみれば、それほど厳しい状況とは言えなくとも、財政力が低下したり、人口減少局面であれば、財政や人員体制の硬直性が高まっていき、財政当局による認識が厳しくなりますから、予算査定がより厳格に行わ

るといった傾向となると考えることができます。

　平成の合併を行った自治体の中には、合併特例債の活用によって、新庁舎や文化、スポーツ施設などが整備され、住民の利便性も向上した半面、その投資によるランニングコストが将来の財政負担となることが懸念されるところがあります。公共施設等総合管理計画にそった統廃合などを着実に進めていくことが求められます。

（3）首長の方針や議会審議をおさえる

　首長の方針に沿うということは、公務員であれば、当然と言えます。ただし○○長室など、直属のセクションであれば、首長と直に接していることが多いので、その「クセ」などを理解しているでしょうが、特に規模の大きい自治体の一般的な事業課であれば、それほど機会はなく、文章などで確認することの方が多いのではないでしょうか。

　首長にも様々なタイプがあり、ゼロカーボンが最優先のミッションであるとか、地域団体や関係団体を重視する、中央とのパイプを強調、また、突出したことが嫌いでバランスを最も重視する、といったことがあるようです。これらを踏まえて、首長の意向にそった"味付け"の工夫や、時には所管事業への理解を深めてもらう機会を作る努力もしながら、事業の推進を図っていきましょう。

　議会は、予算を議決する機関であり、その指摘事項や要望事項については、十分吟味をしておく必要があります。審議の中における所管事業にかかる質疑をまとめ、普段からその対応を協議して、タイムスケジュールも含めた今後に向けた取り組み方針の共通認識をもっておくことが大切です。

（4）首長交代時の対応

　首長の交代が起これば、その行政経営方針も変わり、それを基礎

づけるための予算編成の仕方も変わることになります。住民との協働、地域経済活性化、地球温暖化対策、SDGsなど多くの行政課題はありますが、首長によって、重点の置き方が異なります。まずは、新首長が何を重視して行政運営に臨んでいるか、職員への期待はどうなっているのか、特に自分の所管事業へのスタンスはどうなのかなど、マニュフェストやこれまでの発言を分析しながら、組織内でしっかりと議論しておくことが必要となります。

　また、行政改革を公約に掲げた首長であれば、住民もその成果に大いに期待しています。職員は、自らの所管、または、組織の事業において、見直しができる可能性のある項目をピックアップ、その可能性について、検討をしておく必要があります。

（5）重要政策の方向性は先に固める

　自治体によって、名称や時期は異なりますが、重要政策について、首長以下幹部職員が集まる政策調整会議と呼ばれるよう会議が開催されています。ここでお墨付きを得られたものは、予算化に向かうことができます。

　多くは、企画セクションが主管となっていますが、その取り上げる案件について、かなり熟度が進んできたものから、まだ、これから検討するようなことまで自治体によって様々です。

　いずれにせよ、事業課では、新たに予算要求する重要な事業や、大幅に見直しする案件などがあれば、できるだけ、このような会議に提案して、方向性の確認やトップなどの指示をもらっておくことが大切です。ここで、方向性が固まれば、予算要求の段階では、具体的な内容や積算を中心にした説明とすることができます。

　他方、限られた予算編成の時間の中だけで、新たに方針を決めようとすれば、時間的にも難しく、判断が留保されることになりかねません。

（6）過去の資料を確認

　実際の要求作業に取り掛かる前に、所管の過去3年分程度の予算要求、査定資料はしっかりと確認しておく必要があります。財政課が重視したり、注目する点などがみえてくるので、そこを意識した見積もりや事業内容にしていく工夫も必要でしょう。また、指摘事項があれば、それに関して検討の結果が質されますから、万が一、それに手がついていないとしたら、至急取り掛かるか、少なくとも今後の見通しを説明できるようにしておきましょう。

　財政担当者から要求された資料については、提出したものが保存されているはずです。次年度の予算要求においても、同様の資料作成が求められる可能性がありますので、作成できる準備をしておきましょう。

　また、所管事業の実績や内容については組織内部での様々な検討会議や財政課の資料要求や説明に活用できるように、最新の状態に更新しておきましょう。

（7）財政担当者に業務を知ってもらう

　財政担当者の事前準備を支援するという意味もあって、事業課の事前対応となるのが、財政担当者に事業のレクチャーを行ったり、施設の見学など所管施設をみてもらうことです。

　財政担当者が持つ担当部局又は担当費目については、1～2年のサイクルで変わることが通例でしょう。事前に所管事業や施設など現場を一定程度理解を得ていなければ、新しく財政の担当者となった職員は、情報の整理や消化ができない中で、査定を進めることになってしまいかねません。財政課の中では、事業課に代わって要求内容を説明する立場となりますから、複雑な事案や新規要求、特例的な要求などは、腹落ちした言葉で説明できなければ、説得力が生まれてきません。

なお、施設見学によって直接現場をみてもらうと、運営の至らぬところや無駄なところも発見される懸念もありますが、何よりも実際の現場での苦労をしている点や工夫しているところを確認してもらえる機会となり、共通認識的なものを醸成することに役立ちます。また、財政担当者から事業課の気が付かないところについて、財政上のアドバイスがあるかもしれません。施設だけではなく、何らかの事業が新しく始まった、という場合も現場をみてもらうのがよいでしょう。その事業の目的と実績などの確認できるとともに、その事業を含めた施策、政策に対する財政担当者の理解が進むことになるでしょう。

　予算編成の中では、時には両者の意見の対立も起こり得ますが、連携をして適切な予算化を作り上げていくパートナーといった観点も大切であり、できるだけ意思疎通をはかっておくことが肝要なのです。

予算の見積もり

（1）予算見積要領

　予算見積要領は、予算編成の日程、経費区分、要求基準、事業の見直し、要求にあたっての留意事項など、要求するための具体的な手順を示すものです。

　予算要求の事務は、短期間に締切りが設定され、すべてを段取りよく進めていくことが求められます。特に、手続き面では、「公平」「横並び」が重視されるような世界です。予算編成の途中で手戻りになれば、限られた期間の中で時間を大きくロスしてしまいます。

　なお、要領は、要求基準や対象経費、見直しの方針などを、正確に伝えることに重きを置き、どうしても、文章表現は厳密性が重視され、教科書的な表現となっていることが多くなっています。

　しかし、予算では、公務員としての、または、その所管事業を通しての価値を実現しようとする使命感であったり、意欲といったものも大切な要素となります。

（2）要求調書作成のポイント

　事業について予算要求調書の様式では、一般的に、以下のような項目を記載します。

・背景

- ・必要性
- ・内容
- ・積算
- ・効果
- ・成果目標
- ・後年度負担
- ・今後の見通し

　限られた時間内で読み込まれるのであり、作成のポイントとしては、まず、分かりやすく、簡潔な表現を心掛けることです。特に、5W2H を漏らさず記載します。理想的なことを書き込んでも、一体誰がどのように進めていくか明確でなければ、予算化の途は遠のいてしまいます。

　また、組織内及び財政課に対して、きちんと説明することできることを意識しましょう。客観的にみて、合理的であって、説得的であるかが大切です。

5W　⇒　　誰が（who）何を（what）いつ（when）どこで（where）なぜ（why）

2H　⇒　　どうやって（how）いくらで（how much）

（3）積算

　実績などによる論理的な推計や、データに基づいた積み上げ計算を行います。同時に、算出された合計額が過去の実績や他の事業との見合いで妥当であることを説明できることが大切です。個々の積み上げ計算だけをみると問題はなくとも、事業費の総計を見ると、前年度からかなり増額となっていたり、その増加率が他に比較して突出している、といったことが起こり得ます。俯瞰する視点を大切

にしましょう。

（4）事業の必要性

　何故、必要なのか、対外的に説明できるよう整理します。どうしても、担当者自身は、必要性は当然あると思い込みがちですが、客観的な視点を持つことが大切になります。

　新たな事業化にあたっては、とりわけ必要性について補強するものとして、ベースとなる計画に盛り込まれていることのほか、以下のようなものが考えられます。

○**住民の要望**　世論調査、△政モニター、住民アンケートなど多くのチャンネルがあります。

○**議会答弁**　　関係分の質疑について、経年の記録を一覧にまとめ、常に参照できるようにしておきましょう。

○**新聞報道**　報道されることによって一定の公定力のようなものが働き、多くの住民がそれを事実として認識することになるので、これに関する対応は、緊急性や必要性が高まります。

○**他自治体の動向**　近隣自治体や類似団体の情報は、住民や関係する団体の関心を持っており、ベンチマークとして有効なケースがあります。

○**国の動向**　首相の所信表明、各省庁の関係施策の方針や関係審議会の答申など、自治体の施策について、その影響の度合いは様々ですが、政府がとる方向性をおさえておくことが重要です。

○**法制度の動向**　最近は、法令の制定改廃も多くなっています。自治体の施策に直接関係する法制度から、民法など一般法で行政運営のベースになるものまであります。

具体的には、社会経済状況、法制度の動向、地域での動きなどを
おさえ、特に、新年度に（も）事業化が必要な理由をしっかりと記
述します。また、「○○○」と議会において答弁、○○会派から強
い要望が出されている、○○協議会から要望書が提出されている、
○民モニターにおいて、課題の上位にきている、など補強材料を記
述します。また、この事業が予算化されなければ、○○に支障をき
たす、高まっている住民の期待に背くことになる、といった趣旨の
補足的、危機回避的な説明も効果的な場合があります。

（5）類似事業との整理

　自治体の各部署において、同じような事業を行っている場合があ
ります。職員向けの情報誌や議会審議などでも確認することができ
ます。なかでも、市民向け講座やイベントなどは、外形的にはかな
り類似しているように見えるものがあるかも知れません。

　このような場合では、その違い（必要性）をしっかりと説明でき
ることが大切です。名称が似ているとしても、対象が異なる、目的
が直接サービスか環境醸成かで異なる、ということも付記しておく
とよいでしょう。

（例）　A事業は事業者向けの事業であり、本事業については、消費
者向けと対象を異にしており、また、○○消費者団体と連携して、
制度の浸透を図ろうとするものです。

　民間等で実施しているものと重複感はないかの確認も大切です。
　一般的に、民間の場合は、直接、間接に企業等のPRや収益を得
るために実施されています。行政の場合は、政策についての普及啓
発と目的は異なりますが、両者の外形的なところは類似することが
あり得ます。そこで、なぜ、行政が行うのか、民間でもできるので

はないか、という指摘には次のような観点から答えていくことができます。

〈対象が違う〉

　民間で行うのは既にユーザーなど関わりを持っている人、行政は、あまり関心を持っていない層を対象とします。

〈目的が違う〉

　民間が行うのは一定程度習得している人が対象であり、行政は、まだそのようなレベルに達していない初心者に対して基礎的なところを伝える、すなわち普及啓発が主な目的です。

〈負担が違う〉

　民間の方は、選好的なニーズに対応するもので、料金も割高となっていますが、行政の方は、基礎的なニーズを満たすことを目的としており、料金負担も抑えて実施するものです。

　この３つの違いについては、別個独立しているのではなく、相互に関連しています。今は、民間企業なども、社会貢献活動やSDGsなど公共的な価値の実現に取り組んでおり、行政と重なる部分が出てくるのは否定できません。この場合、直営だけではなく、民間主体の事業に移行する可能性も検討しておくとよいでしょう。

（6）前年度と同じになっていないか

　自治体を取り巻く環境が大きく変化してきている中、前年度とまったく同じような調書になるとすれば、あらためて見直しの視点で見ることも必要となるでしょう。根拠法令などの記載でも、改正がされていたり、新たな法令が制定されていることもあります。記載内容を自分できちんと消化する必要があります。

　また、毎年ブラッシュアップすることで初めて今の水準を維持できるようになると考えてみましょう。

18

社会経済状況をおさえる

（1）国の重要施策

　所管業務に係る県や中央省庁の動きは必ずおさえておくべき情報ですが、加えて、毎年6月頃に公表されるいわゆる骨太の方針、経済財政運営と改革の基本方針も大変重要です。我が国の経済財政運営の羅針盤とも呼べるものであり、その時の政権での方針、重点政策がわかりやすくまとめられており、地方への期待や施策の方向も示されています。2023年の骨太方針には、新しい資本主義を加速するとして、重点投資分野として、グリーントランスフォーメーション（GX）、デジタルトランスフォーメーション（DX）が社会課題の解決に向けた取組として、少子化対策・こども政策の抜本強化、包摂社会の実現などが重点項目となっており、所管の業務の検討においても、これらの観点を十分意識することが大切となります。

　また、国の重要施策であるデジタル田園都市国家構想においては、各自治体では、このための計画を策定、または策定中です。サービスを提供する部署など様々な分野で、デジタルを活用して、産業の振興や行政サービス向上を図ることが考えられます。

　DXについては、これまで業務の手法を一気に変革できる可能性があり、組織の中の若手職員中心で構想を練るといった工夫もできるかもしれません。

　毎年8月末には、各省庁の概算要求が出そろうことになり、総務省では、これにあわせて、「地方財政収支の仮試算」を公表、次年

度の地方交付税の規模がどのくらいになるの見通しを出てますので、これは自治体の財政見通しにも影響を与えますので、事業課としても注目をしておいてよいでしょう。

（2）ウィズ／ポストコロナの時代

　2020年度から新型コロナウイルス感染症対応地方創生臨時交付金などが補正予算などで措置され、各自治体では、緊急経済対策と感染防止対策のために追加事業を行いました。2023年度以降は、平常運転になっていくことが見込まれます。

　未曽有のコロナ禍によって、我が国の様々な課題が明らかになりましたが、行政サービスについても、これまでのあり方を見直す機会ととらえられます。コロナ禍で休止した事業について、改めてその目的や意義を確認することが必要となります。例えば、接触を避けるということで、現地開催が見送りになったイベントについては、今後もリモートでの開催可能性や、これまでの予算額を見直す余地もあるでしょう。また、公共施設についても、一時休館したものがあり、今後も、密を避けるウィズ／ポストコロナの新しい生活様式を考えると、今の規模がそのまま必要なのか、改修、建替え、多機能化など新たな整備を進める前に、しっかりと考える必要があります。

注

1　「三重が、燃えている」中村征之著　（株）公人の友社　1999年　P102

第4章

歳入の要求

19

歳入全般

（1）歳入予算の性格

　予算要求という言葉からすぐ思い浮かべるのは、事業費の要求と思われますが、歳入予算も当然含まれます。

　歳入予算は、法的な観点からは、歳出予算のような拘束性はないので、この観点からは、見積もりの性格を持つということができます。しかし、歳入予算によって、歳出の規模が規定されるようになるのですから、間接的には、単なる見積もりではありません。また、項目によっては、予算額が目標値の意味を持ち、その確保努力が特に求められるものがあります。

　最近は、ネーミングライツや建物の壁面広告、バナー広告など自治体が広告掲載媒体を提供し、自主的な歳入を増やす取り組みも拡大しつつあり、さらなる拡大が期待されますが、歳入全体への影響は大きいとは言えません。しかしながら、ふるさと納税では自治体の財政規模を変えるほどの大きな効果が出ているところが出てきています。

　予算要求方式にもよりますが、一般財源によるシーリングになれば、充当できる特定財源があれば、その見合いの歳出枠が増えることとなりますので、できるだけ見積り額を大きくしたいというのが、事業課の気持ちにあるかもしれません。しかし、過大な見積もりは、決算における予算との乖離を招くものであり、財政運営にも影響を与える可能性があり、常に適正な見積もりをすることを心掛けま

しょう。

　また、使用料などは受益者負担の適正化にも常に意識する必要があります。

（2）歳入の見積もり

　歳入の見積もりにあたっては、以下の点に留意します。

- 件数、単価の増減
- 前年度の決算見込みとの整合性
- 経年実績
- 増収対策

　積算の主な方法は以下のようなものですが、これらを、複数を組み合わせで妥当な金額を算出する場合もあります。自治体によって標準（慣行）の方法が異なっていますので、これまで財政課担当者はどのような規準で査定をしているかなど、事前に確認をしておくとよいでしょう。

| 積み上げ | 賃貸料など事前に契約などで確定しているものが多い場合や、数量や単価が年度によって大きく変動し、直近のデータなども踏まえて積算

| 決算見込み同額 | 前年度と同様な状況が見込まれ、歳入確保に特に目標がないような場合

| 前年度予算同額 | 予算額が一種の目標値になっている場合（なお、実績と乖離があるとすれば、予算額の修正を検討する必要がある）

| 過去3〜5年間の平均額 | 年度間で増減ある場合

| 過去3〜5年間の平均伸び率×決算見込み | 比較的平準的である場合

なお、経年の伸び率を見る場合は、特殊要素のある年度を除外します。

　以下は、ある自治体の実際の見積もりの記載要領（一部加工修正）であり、予算要求調書の記載例を示します。

　歳入の過去3年間の増減率の平均は、6.6％であり、これを決算見込みに乗じると、128,000千円となります。しかし、過去の推移をみると、増加率は減少傾向であり、直近は、0.8％と低くなっており、3か年平均を使うと過大見積もりになる危険性があります。そこで、収入確保努力も加味して、前年度予算125,000千円と同額とした、ということになります。

　なお、「歳入額の変動傾向」には、徴収階層と利用者についての記述があり、実際の見積もりにあたっては、このようなミクロの分析も不可欠になります。

図表 4 - 1 歳入予算要求調書

《歳入》予算要求調書

【歳入名称】
歳入名称 ●●施設　　短縮コード 0000

【予算科目等】
款 14 分担金及び負担金　節 01 ○○施設
項 01 負担金　細節 01
目 01 ○○○負担金

【基本情報】
納入者・負担者
●●の利用者

債務の発生要因（●●の申請・利用 ●●に係る負担）
○○施設利用費の全部又は一部の負担

根拠となる法令（●●法（条例）第●条第●項）
○○施設の費用に関する○規則第○条第○項

納入の時期

毎月費用徴収額を納入

納入の方法（納付書による等）
納付書による

単価等の設定の考え方
国の費用徴収基準に準じて設定

直近改正時期
●●年●月●日
●●●●の単価　●●円 → ●●円

備考、特記事項

【所管等】
所属 ●●局●●部●●課　　電話番号 999-9999
担当者名

【歳入見積額等】　（単位：千円）

	N-4決算	N-3決算	N-2決算	N-1予算	N-1決見	《要求額》 N予算
	100,000	110,000	120,000	125,000	121,000	125,000

増減率 10.0 %　　増減率 9.1 %　　増減率 0.8 %

対N-1予算　増減率 0.0 %　比較増減 0
対N-1決見　増減率 3.3 %　比較増減 4,000

※ 歳入額の変動傾向（○年周期でピーク等）
N-2年度は、微収金額が高い階層は減少したが、一方で利用者は増加し歳入増となった。今後も引き続き増加傾向と予測される。

N-1予算→N予算の増減理由
N-2決→N-1決見の推移から、同程度で推移するものと見込む
※ N-1予算→N予算の推移から、同程度で推移するものと見込む

【過去3年平均（参考）】　（単位：千円）
N-4決・N-3決・N-2決　110,000
N-3決・N-2決・N-1決見　117,000

【積算根拠】
N-1決見
N-1年度4月～○月までの調定額を通年ベースに平準化

N予算要求

20

国・県支出金

●国・県支出金

　社会経済状況の動きは早く、首相の施政方針演説や国の審議会の報告などを受けて、新たな制度が創設され、所要の国庫補助制度の創設が行われることが、よくあります。ここで大切なことは、単に新たな財源として飛びつくのではなく、課題解決などのために真に必要な場合に限って活用しようとする姿勢です。なお、補助金は、その総額の枠があり、また、地域のバランスなどが考慮されますので、採択をねらう場合は、補助金の窓口に直接確認をするなど、あらゆるルートを活かしての情報収集が求められます。普段から、必要な事業の展開ができるよう準備をしておき、様々な状況に合わせて対応できるようにしておきましょう。

　また、これまで得ていた補助金が見直されてしまうこともありますので、情報のアンテナを高くしておくことが必要です。

　見積もりでは、国の予算編成の動向及び各省庁の事業計画、概算要求の内容等を精査し、補助基本額、補助率等を的確に把握の上、確実な収入見込額とするともに、実際の交付内示額への対応など執行段階において迅速で的確な情報収集、さらには、財政部門との情報共有が求められます。

　「各府省等の概算要求において、補助金等総額の削減がなされているものについて、その動向に留意し、充分把握しておくこと。

なお、単に国・県の側の事情によって廃止または縮減されたものについては、事業そのものを廃止または縮減することとし、一般財源への振替えは行わないものとする。」（松坂市 R5）[1]

使用料・手数料

（1）使用料・手数料

　使用料は、特定の受益を有する特定人がその実費負担的な意味で徴収される収入であり、行政財産の使用又は公の施設の利用につき徴収することができます。

　施設を利用していない人との公平の観点から、受益者負担の適正化が求められますが、過去からの経緯や他都市との比較などによって、所用経費に比べてかなり低額に抑えられている状況があります。

　ある政令市で体育施設のコスト計算を実施したところ、現状の使用料で賄えているのはランニングコストベースで30％程度、イニシャルコストの減価償却費として上乗せしたトータルコストベースでは10％程度でした。

　ゴミの収集や住民票の写しの交付など、比較的利用者が多く偏在性が低いサービスであればまだしも、施設の利用など比較的限られた住民しか利用しない施設の使用料が運営費用を十分に賄えていないのは受益者負担の原則からして望ましいことではありません。

　手数料は、特定人に提供する役務について、その受益が特定人に限られてくることに着目して、その提供に要する経費の全部又は一部を負担させる収入です。

　手数料・使用料は自治体の歳入の2％程度と言われていましたが、貴重な自主財源です。

　指定管理制度を採用している公共施設の使用料金は、地方自治法

第244条の２第８項の規定によって、ほとんど利用料金をとっています。利用料金は、指定管理団体の収入となる私債権となり、よって、歳入予算から外れることになります。その金額は、条例の定めるところにより、自治体の承認のもと指定管理者が設定することができます。

　実際の利用料金については、条例の金額を下回ることが少なくないようです。これは、民間の経営的視点から、利用者増や収入増加を図ろうとしている意図などがあると考えられますが、事業課としては、受益者負担の適正化も踏まえながら、総合的な視点から承認の判断をする必要があります。

　なお、指定管理者制度の指定期間は、５年間が多く、この間の指定管理料の総額は最初に決まってしまうので、いきおい全庁一斉の定期的な見直しが減少の傾向にあります。

（２）受益者負担

　施設運営のコストを必ず100％賄わなければならないということはなく、施設の公共性などから、負担割合に幅が出てくるものです。ただし、当該施設が実際にどのくらいの水準になっているか、把握や意識をしないで、運営されていることが少なくないようです。それぞれの自治体において、**図表４-２**のような施設の利用者負担割合の一覧を作成すれば、相対的に割合が低い施設などが一目でわかり、負担のあり方や事業の見直しの基礎資料とすることができます。

　なお、使用料ではありませんが、給食費（公会計化も進んできている）の無償化が話題になっています。このように、使用料などの公共的な料金については、政策的な観点からも検討することが増えてくると見込まれますが、その前提となるコストの分析と把握はしっかりと行っておくべきです。

図表4-2　公共施設の利用者負担割合（一部）

	所管局	施設名等	施設の設置目的	利用者負担割合（25年度決算）	使用料等の収入（千円）	減免（千円）	管理運営コスト（千円）	（内訳）人件費	（内訳）物件費等	主な料金	主な減免事由
1	市民局	金沢公会堂（講堂、会議室）	市民の集会その他各種の用に供する目的をもって設置	37%	7,114	2,255	25,215	15,530	9,685	講堂29,000円／1日 会議室2,000円／1日 和室1,200円／1日	・本市が主催する行事のために利用する場合（全額減免）・本市が共催する行事のために利用する場合（5割減免）
2	市民局	瀬谷スポーツセンター（体育室、トレーニング室）	スポーツ、レクリエーション等の振興を図り、市民の心身の健全な発達に寄与するため	22%	24,232	642	110,780	43,277	67,503	第一体育室（団体利用）：3,000円～5,000円／2時間 第二体育室（団体利用）：1,500円～2,500円／2時間 トレーニング室（個人利用）一般300円／1回（3時間）、中学生以下100円／1回（3時間）	・本市が主催する体育行事のために利用する場合（全額減免）
3	市民局	横浜市平沼記念体育館	スポーツ、レクリエーション等の振興を図り、市民の心身の健全な発達に寄与するため	26%	6,348	1,624	30,886	12,544	18,342	20,000円／1日	・本市が主催する行事に利用する場合（全額減免）・市内の高校、専門学校が正規の教育課程で利用する場合（5割減免）
4	市民局	横浜文化体育館（体育館、トレーニングルーム、レストハウス）	スポーツ、レクリエーション等の振興を図り、市民の心身の健全な発達に寄与するため	44%	65,717	4,534	159,489	50,745	108,744	〈体育館〉入場料を徴収しない場合16,100円～191,500円／1日 入場料を徴収する場合223,400円～750,000円／1日 〈平沼記念レストハウス〉会議室5,400円～8,000円／1日	・市内の幼稚園・小学校・中学校が利用する場合（5割減免）・市内の高校が利用する場合（3割減免）・指定管理者が主催業又は共催業に利用する場合（全額減免）・社会福祉法第2条に規定する社会福祉事業のためにスポーツ、レクリエーション、文化活動等の行事を行う場合（5割減免）

資料：横浜市

以下に、自治体の方針の事例を紹介します。

横浜市令和5年度予算編成における歳出改革基本方針（令和4年9月2日）（抄録）

（7）使用料、利用料金、手数料など受益者負担のさらなる適正化

使用料や利用料金、各種手数料などについては、以下の視点から、市民負担の公平性の観点に立って負担水準等の検証を行い、あるべき負担水準等について、例えば、中期計画期間ごとに適正化を実践するなど、受益と負担の適正化を進めてください。

ア　「市民利用施設等の利用者負担の考え方」などに基づき、施設の利用状況や経営状況を市民に対し積極的に公表しながら、施設運営費など対象経費の削減や利用者増による収入の増加、新たな財源の確保など経営上の工夫を徹底し、そのうえで、使用料等の収入と市税など公費負担のバランスや本市類似・同種施設の状況、他都市の状況などを総合的に勘案し、使用料等の料金改定を検討してください。特に、人件費単価やランニングコスト上昇、消費税率引き上げなど、コスト試算の前提条件が使用料等を設定した当時から変更となっている可能性に留意してください。

イ　現在実施している使用料等の減免の扱いについても、類似・同種の施設において明確な理由がなく扱いが異なるなど、不統一な扱いとならないよう整理を進めてください。

ウ　個々の施策・事務事業における受益と負担の関係についても、負担額による政策効果と、市費負担抑制という両面から、データで客観性を明確にしながら検討してください。

広告料やふるさと納税

（1）広告料など

　行政経営を進めるにあたっては、支出ばかりではなく、その財源となる収入も考えることが大切と言えます。特に、厳しい財政状況の中では、公共施設は、適正な管理に加えて、稼ぐ施設として、すなわち、収入を得る方策にも注目が集まっています。

　事務所や公民館、集会施設、〇〇センターなど、公共施設を管理している部署は少なくありません。庁舎内の壁面に広告掲示、自動販売機の設置、空きスペースにコンビニなどの誘致などは、標準的な方策として検討したいものです。

　また、ネーミングライツによる広告収入の確保やウェブサイトにバナー広告やテキスト広告を募集することも増えてきました。

　ネーミングライツは、ある程度大規模でなければ、まとまった収入にはなりませんが、全国には、歩道橋などに対して100万〜200万円程度で行っている事例も存在します。財政課など関連部局と事前調整しながら、また、先行自治体のベンチマークも行い、検討を進めていきたいものです。

　業務用の封筒をはじめとして、PR誌やガイドブックが作成されているとすれば、そこに広告掲載の価値があるかもしれません。行政サービスは、住民など不特定多数が対象とすることが多く、広告媒体としての可能性は小さくありません。保有している施設やサービスについて、職員が広告価値に気づかないこともありますので、

ある程度、大きな括りにして、民間企業に対して、サウンディング調査を行って、可能性を調査しておくことも有効です。

＊実際の事例

札幌市カーリング場　　ネーミングライツ　　　5,775千円／年
　　　　　　　　　　　歳入科目　広告料

札幌市北区役所　庁舎1階窓口上部　広告枠を設置360千円／年
　　　　　　　　歳入科目　使用料

　　　　　　　　庁舎玄関口　広告付庁周辺地図設置　378千円／年　歳入科目　広告料

彦根市　納税通知書用封筒裏面に広告掲載 100千円／年

（2）ふるさと納税

　ふるさと納税によって寄付金収入が大幅に増えている自治体が出てきています。

　ふるさと納税は、返礼品の地域要件や調達費用を3割以下、これを含めた経費の総額は寄付金の5割以下とする必要があります。

　また、寄付金の使い道が大切であり、返礼品競争になっていることは決して好ましいことではないでしょう。

　寄付金については、基金に積み立てる、翌年度、意向にそった事業の財源とするなど様々ですが、過去の実績などから適切に見積もりをして予算要求をする必要があります。

　このふるさと納税制度を活用して、対象事業をより明確化、プロジェクトを前面に出すガバメントクラウドファンディングと呼ばれるものもあります。

　八尾市では、コミュニティセンターの大規模改修の資金の一部を募集して、目標金額以上の約340万円を集めましたが、返礼としては、寄付者の銘板設置などでした[2]。また、佐賀県では、NPO等に

よる地域活動等を支援するため、ふるさと納税を活用して、指定した NPO 等に対して、寄附金の85%を交付する仕組みを運用しており、返礼品などが準備されていません[3]。NPO への寄付は一部を除いて税法上の効果がありませんが、このような仕組みによって、住民はより市民活動への応援ができやすくなったと言えるでしょう。

その他の歳入

（1）地方債

　地方債については、ほとんど公共事業の財源であり、その事業費に連動するものです。事前に起債担当課に協議することが求められます。事業課にとっては、できるだけ当該年度の一般財源を抑えるには、可能な限り地方債の充当をねらうことになります。

　地方債は、後年次に償還されますが、その増嵩が財政の圧迫要因の一つとなります。投資的事業に伴う発行によって増減していきますが、中長期の財政計画などを踏まえながら、適切な発行に努めていくことが大切です。

（2）未収金

　歳入の確保努力が求められ、未収金については、公平性の観点からも問題であり、確実に取り組んでいかなければなりません。

　地方自治法第240条2項に「普通地方公共団体の長は、債権について、政令の定めるところにより、その督促、強制執行その他その保全及び取立てに関し必要な措置をとらなければならない。」とあります。また、地方自治法施行令第171条に「普通地方公共団体の長は、債権（略）について、履行期限までに履行しない者があるときは、期限を指定してこれを督促しなければならない。」とされています。

　債権管理については、庁内に債権管理委員会などが設置され、各

歳入の状況と目標の到達度の確認を行っているところが少なくありません。受益者負担、公平性の確保の観点から、納めていない住民などに対しては、厳正な対応をしていくことは行政の責務です。ただし、該当者の移転先不明など容易に連絡がとれない場合があることも現実です。積極的に調査をした上で、不明なものは、不能欠損処分をして決着をさせるとともに、年に一度一斉調査をしたり、サービサーへの委託を検討するなど、取り組みをしっかりとしたいものです。

注

1　令和5年度松阪市予算編成方針からの抜粋。以下（都市名年）の表記については、その都市の予算編成方針や予算見積要領などからの抜粋となります。
2　ふるさとチョイス https://www.furusato-tax.jp/gcf/1807#products_list
3　佐賀県 https://www.pref.saga.lg.jp/kiji00331962/index.html

第5章

歳出の要求

24

経費の区分

（1）経費区分

　経費について、以下に示すように二つに大きく区分するのを基本として、自治体によって、それぞれ細分化することがあります。そして、区分ごとに要求基準が設定されるのが通例です。

①経常的経費（一般事業経費）

　政策的な経費を除いた経常の事業や内部管理事務を対象とする経費となります。

　一般財源ベース対前年度○％減といったシーリングが設定されることが多く、その枠内での要求が求められます。

　この枠内に要求額が収まっている場合、実質的なチェックが行われず要求がそのまま認められる場合と、その中においても、その内容を審査して、不要な、又は過大な積算と見られれば減額査定される場合があります。事業課においては、その財政のスタンスに応じた準備をすることになります。なお、いずれの場合でも、事業費（節別）の増減について、１割超となる場合は、その説明を付すか、説明できる準備をしておいた方がよいでしょう。

　なお、行政評価や前年度の予算査定時に指摘された事業については、シーリング対象から除外され、別途、一件査定になる場合があります。指摘に対する対応が問われる訳ですが、諸事情からすぐに着手できない場合は、期限を切っての見直しスケジュールを提示す

るなど、何らかの検討の姿勢を見せることが最低限必要となります。

　予算要求事務の効率化、業務執行の適正化のために、多くの自治体で、項目の増減はありますが、見積もりにおける基準単価等が示されています。

　○基準単価等（例）
　　・一人当たり職員費
　　・会計年度任用職員報酬単価
　　・共済費算定率
　　・燃料単価
　　・会場借上料
　　・講師謝礼単価
　　・視察研修旅行の随行人数
　　・パソコン購入経費（標準仕様を含む）
　　・会議負担金

　図表5-1は、ある自治体の経常的経費の見積書です。庁舎が改修で一時期使えなくなるために、別の民間ビルにテナントとして入っている部局の運営経費です。賃貸料や電話回線使用料などが計上されています。節、細節単位に単価×数量によって、積み上げ計算をしています。

図表 5-1　経常的経費見積書

節・細節	要求額(A)	前年度(B)	(A)-(B)	算出根拠等		
03-21	1,800	1,470	330（ 22.4%）	5人	1,120	5人×@2,000円/時間×15時間/月×12=1,800千円
07	10	20	▲ 10（-50.0%）	△△大会○○表彰	10	△△大会○○表彰 10千円
08-41	280	290	▲ 10（ -3.4%）	他都市視察1人	90	90千円×1人=90千円
				主管者会議1人	90	90千円×1人=90千円
				協議会	100	100千円×1人=100千円
10-51	866	990	▲ 124（-12.5%）	新聞	48	日刊新聞 @4,000円/月×12=48千円
				雑誌	10	○○研究 @800円/月×12=10千円
					8	△△セミナー@700円/月×12=8千円
				事務用品	300	
				パンフレット増刷	500	制度解説パンフレット @50円×10000部=500千円
10-52	50	50	0（ 0.0%）	来客用茶	50	
10-53	840	800	40（ 5.0%）	光熱水費	840	@70,000円/月×12=840千円
11-01	838	850	▲ 12（ -1.4%）	電話料	538	回線専用料（1回線）×@7,000円/月×12=84千円
						回線使用料（基本料）(4回線)×@3,812円/月×12=183千円
						通話料100時間/月÷20千円/月×12=240千円
				その他	300	ICカード,切手,筆耕料
12	1,805	2,100	▲ 295（-14.0%）	PR用リーフレット制作	400	@40円×10,000部=4000千円
				バス広告	850	バス車内広告料500千円＋企画制作費350千円
				サーバー保守	240	20千円/月×12=240千円
				複合機保守管理	315	@5.25円×5,000枚/月×12=315千円
13	6,661	6,800	▲ 139（ -2.0%）	施設借上料	6,000	賃貸料・清掃料@500,000円/月×12=6,000千円
				複合機借上料	360	@30,000円/月×12=360千円
				その他	13	玄関マット借上料 @1,200円/月×12=15千円
					288	タクシー代 @24,000円/月×12=288千円
17	100	170	▲ 70（-41.2%）	参考図書	100	
18-01	15	15	0（ 0.0%）	負担金	10	全国○○協議会負担金
				出席負担金	5	その他会議出席者負担金
合 計	13,265	13,555	▲ 290（ -2.1%）			

　多くの節で前年度マイナス要求となっていますが、この中で、時間外手当が、前年度に比べて22.4％増加しており、その理由を付記することが求められます。

　（例）　△△の制度改正が予定されることと、本年度の決算見込み並びで積み上げ。

②臨時的経費（政策的経費）

　自治体の総合計画に盛り込まれるような主要事業が対象となります。

　以下のような視点を踏まえて、見積もりをします。

　　・計画との整合性

　　・事業の必要性、緊急性

　　・事業手法の妥当性　直営か委託かといった二分法ではなく、
　　事業主体も含めて、民間の活力導入やノウハウの活用ができ

ないかを考えてみましょう。より高い成果が得られたり、コストを抑制、立ち上げまでなどのリードタイムを短縮することも期待できます。

・単価・数量の積算の正確性　単価は過去の実績や参考見積もりに〇掛けなどして積算します。また、グレードがあるものは、どの程度の水準が適当かを考えます。絶対的な基準はありませんが、機器などは、操作の手間とトレードオフの関係になることも多いので、運用とセットで考えることが適当です。数量については、その根拠を論理的に説明できることが必要となります。

・他都市の状況　近隣や類似の自治体を気にし過ぎるよりも、自分の自治体において、必要なことを行っていくのが行政運営の基本ですが、ベンチマークなどで、どの程度の水準にあるかを把握することは有効です。

・継続事業　これまでの進捗状況や成果を明らかにします。

・将来的な財政負担　給付事業は、需要の掘り起こしなどによって対象者が増えることがよくあり、その一方、その事業水準を落とすことは難しいものです。特に、福祉分野では、この傾向が強くなることが多いので、この財政負担を想定した上で、事業の可否・継続などを判断していくことになります。

　図表 5-2 は、ある都市の予算要求事業調書（表）記載例（一部加工済み）です。

　事業の必要性は、その事業を行うことが必要となった課題について、記載していきます。例えば、高齢者の事業であれば、介護が必要となる方が増えており、健康づくりを行うといったことになります。

また、その事業を実施することによって、関連又は別の政策課題の解決に寄与することがあります。人口減少対策、地域経済活性化など現下の課題の解決に貢献できるような見通しがあれば、記載し、必要性が、より強まっていることを示します。

　事業費は、人件費を加算したフルコスト的経費が示されています。記載例の事業では、N-1年度の全体事業費の3割弱を人件費が占めていますが、このような構造は珍しいことではないでしょう。ますます、人件費のコントロールが重要となります。

　また、新年度の予算額だけではなく、後年度負担も記載させる調書が増えてきました。最初は小さな規模でも、やがて、対象者も増え、大きな財政負担となることが懸念されるケースがあります。特に、福祉関係事業では、一旦スタートすると、見直しが難しい、といわれますので、より長期的な見通しをもって、事業を構築する必要があります。

図表 5-2　臨時的経費見積書（その1）

予算要求事業調書

（表）

（単位：千円）

【事業概要】

事業名称	○○推進事業費		圧縮コー	11111

事業の性質	■経常経［臨時的経 □レベルアッそ の他
	■骨格予［肉付予算

施策名	主	
	副	

事業内容	目的と取組の内容	○○分野を推進する▲▲施設への支援やイベント等を実施 ① ○○分野マッチング支援事業、係る支援システム改修　アドバイザー等による○○分野企業との人材確保やマッチング事業、及び支援企業検索システムの改修 ② WEB運営　▲▲施設の利用者による○○分野活動の状況や作品をWEB上で公開 ③ 広告プロモーションツール作成費　▲▲施設の利用者によるDVD・カレンダーの作成
	主たる受益者	○○分野企業
	事業の必要性	① ○○分野の市内における一層の推進を図るため、○○分野企業への人材確保や、マッチングが重要である。併せて支援企業検索システムの改修により、検索範囲の拡大による業務改善を図る。 ②、③ ○○分野の認知度を高め、併せて将来の人材へ興味を持ってもらうという視点でWEBやDVD等の媒体によってでの情報発信を行う必要がある。

実施形態	□ 直営 ■ 一部委託 □ 全部委託 □補助・助成
関連法令	○○法

新まち関連計画		対象	□ 　　対象		■ 対象外
	政策目標				
	施策				
	事業名				
その他関連計画		○○市○○分野計画			

他都市の状況	○「○○市○○支援センター」 ○○分野企業への事務室提供や機器貸出、セミナー開催などによる推進事業を展開。

【指標】

	指標名	N-2年度	N-1年度	N年度目標
1	○○分野企業への市内雇用人数	100人	110人	200人
2				
3				

【事業に必要な職員数】

必要人員	0.5	の関係職	0.4	事業担当	○○係
理由・積算	担当係長：0.2、担当：0.3				

【事業費】

	N-4年度決算	N-3年度決算	N-2年度決算	N-1年度予算	N-1年度決算見
事業費（A）	8,080	8,150	8,330	8,500	8,200
特定財源 国・道	3,000	3,000	3,000	3,000	3,000
市　債	0	0	0	0	0
その他	0	0	0	0	0
一般財源	5,080	5,150	5,330	5,500	5,200
人件費（B）	1,600	1,600	1,580	3,465	3,465
計（A+B）	9,680	9,750	9,910	11,965	11,665

	N年度要求	N+1年度予算	N+2年度予算	N年度以降予	事業費総額
事業費（A）	17,500	20,000	0	0	0
特定財源 国・道	3,000	0	0	0	0
市　債	0	0	0	0	0
その他	0	0	0	0	0
一般財源	14,500	20,000	0	0	0
人件費（B）	3,420	3,420	0	0	0
計（A+B）	20,920	35,920	0	0	0

＜N年度の積算の考え方（単価の算出根拠も記載）＞

① ○○分野マッチング支援事業　6,000千円（アドバイザー人件費3,000千円×2人）、業者見積
② 職員講習・視察費　1,000千円（謝礼50千円×8回、旅費50千円×3市×4人）
③ WEB運営費　1,500千円　業者見積
④ 広告プロモーションツール作成費　1,000千円、DVD制作800千円：業者見積、カレンダー制作200千円（500部×960円）：業者見積

＜特定財源の内容＞

国庫支出金
　①○○分野マッチング支援事業　3,000千円（○○支援補助金）　補助対象：アドバイザー人件費の1/2

> 特定財源の種類と対象事業、充当率などを明記

＜N年度の改善内容＞

> 行政評価で検討依頼事項として指摘したものについての対応状況について記載してください
> 例）○業務委託化の実施　　　委託料●●千円
> 　　△費適正化に向けた調査業務　調査費□□千円

＜後年次にかかる費用等＞

N+1年度　全国●●分野先進事例発表会　開催想定事業費 20,000千円

> 後年時にかかる費用をできるだけ記載（概算で可）

＜その他特記事項（区との協議結果も記載）＞

経費区分：①、②、③一般事業費（枠内）

【予算科目等】

款	00	○○費		00	□□費
項	00	▲▲費		00	◆◆費
目	00	××費		00	○○育成事業
所属		○○局●●部●●課○○係			
担当者名	▲▲　▲▲				999-9999

　図表5-3は、臨時的経費見積書の事業費内訳の記載例です。

　まず、節別に前年度（N-2）の予算決算の比較を示し、当該年度（N-1）の予算、決算見込み、新年度（N）の予算という連続した中でその妥当性をチェックできる構成となっています。

　なお、記載例では、備品を緊急に購入していますが、予算査定に

おいて、前年度からの大幅な増額は難しいことが多く、予算の執行の中で、他の事業や節の予算で不用が見込まれる場合に、予算の流用増によって措置できることがあります。必要な財政課への協議など行いながら、執行の工夫をすることは、次の予算要求にもつながっていきます。

図表5-3　臨時的経費見積書（その2）

短縮コード:11111　予算要求事業調書　（裏）
【算出根拠】○○相談所運営費　（単位：千円）

節	細節	N-2年度予算	N-2年度決算	N-2年度予決差	予決乖離理由	N-1年度予算	N-1年度算出根拠	N-1年度決算見込	N年度要求	N年度算出根拠	N要求N-1予算差
計		7,381	13,154	▲5,773	〔予決乖離理由を簡潔に記載してください〕	12,545		11,466	6,258		▲6,287
03	21	4,120	7,451	▲3,331	○○法改正対応	4,065	▲▲作成対応分 986時間*2,500円 その他 640時間*2,500円	4,065	3,335	▲▲作成対応分 1,014時間*2,500円 その他 320時間*2,500円	▲730
10	51	2,215	2,256	▲41		2,100	●●ポスター作製費 18,000部*90円 ハンドブックに係る印刷製本費 5,000部*96円	1,800	2,123	●●ポスター作製費 18,000部*91円 ハンドブックに係る印刷製本費 5,000部*97円	23
10	53	120	118	2		108	電気 12か月*5,000円 水道 12か月*4,000円	125	122	電気 12か月*6,181円 水道 12か月*4,037円	14
11	01	446	488	▲42		360	電話料 12か月*10区*3,000円	358	363	電話料 12か月*10区*3,028円	3
12	01	480	391	89		312	複合複写機保守 12月*26,000円	285	315	〔N年度予算の算出根拠は、N-1年度予算の算出根拠を参考に、できるだけ詳しく記載してください〕	3
17	00	0	2,450	▲2,450	○○を緊急購入	5,600	●●センター会議用テーブル・椅子 80.*70,000円【局課題枠】	4,833	0		▲5,600

　以下は、札幌市の事例を再構成して、予算要求書の項目をまとめたものです。

　事例1については、「事業の意義・必要性」については、留学生の数など具体的な数字をあげて、事業の背景を説明しています。「事業内容」については、具体的に行うことを、わかりやすく記述しています。「事業費」については、項目ごとに単価×数量によって、具体的に積み上げています。

（2）予算要求の事例　その1

【事業名】　留学生など外国人のサポート事業

【事業の意義・必要性】

・札幌市内に9,156名の外国人が居住。このうち北区には全体の22.7％にあたる2,077名、85の国・地域の外国人が居住しており、10区の中で最も多い（平成26年4月1日現在）。このうち留学生は、約1000人（北大の留学生約1500人の3分の2）とみられる。

・諸証明窓口では、北海道大学への留学生はじめ外国人の転出入・異動手続きのほか、税証明請求なども多数受けており、日本語の理解が困難な方の場合、英語力のある職員の応援やコールセンター外国語案内の利用などで対応しているが、表記や体制など全体として不十分である。特に、福祉に関しては複雑な手続きとなることも多く、対応する職員も戸惑うことが少なくない。

・また、行政から郵送される文書も漢字表記が多いなど、理解しやすいとはいえない状況である。

・さらに、留学生は、住まいを探すことについても課題を抱えており、彼らへのサポートについて、検討が必要である。

【事業内容】

・外国語の説明資料やサインの作成、必要書類のHPのアップなど、外国人にわかりやすい手続きの工夫と窓口の対応を進める。具体的には、指差し会話帳を若手PTによって作成するほか、参考となる英語版の冊子を福祉窓口職員に配布する。また、外国語による情報提供や説明のために電子機器の導入の検討を進める。また、留学生の住まいや地域の行事参画などについては、民間主体の支援活動が促進されるようなコー

ディネートを行っていく。

・これらを推進するために、北区役所内に「留学生等外国人サポート連絡会議」を設置し、有識者等も招いて、検討する。また、同様に留学生支援を行うとしている商工会議所などとの連携もはかっていく。

・地域で暮らす留学生の生活の支援については北区のまちづくりや国際交流の面からも重要であり、北24条商店街との交流などを新たに行いながら、その推進をはかっていく。

【事業費】

・指差し会話帳作成　　@300×100冊　30,000円　10-51

・若手PT事務費　5人×8時間×@1,500円　60,000円　03-21

・アドバイザー謝礼　80,000円　07

・英語版冊子の購入　@200×50冊　　10,000円　10-51

・翻訳のためのモデル機器試験導入　　計48,000円　17

・窓口サイン表示制作　区役所1階、2階　大@90,000　小@50,000×3　保健センター　大@90,000　小@50,000　計　380,000円　10-51

・サポート連絡会議開催　有識者、留学生謝礼　10,000円　07

・留学生の住まいと生活を考えるワークショップ支援　2回　コーディネーター　謝礼　40,000円　07

・北大、商工会議所、北24条商店街などとの連絡会議　　貸室借り上げ料　2回　10,000円　13

・事務費　30,000円　　@3,000×10時間　03-21

計　　698,000円
03-21　　90,000円
07　　　130,000円

10-51	420,000円
13	10,000円
17	48,000円

（3）予算要求の事例　その2

　本事例は、【事業の必要性】で、事業の背景と必要性を記載して、【事業内容】で既存の市民農園事業と異なる仕組みを説明しています。

【事業名】市民参加型さっぽろ元気ファームモデル事業

【事業の必要性】　近年、余暇活動として行う農作物の栽培、農作業を通じた健康増進・生きがいづくり、さらに食の安全・安心や食農教育など農業への関心が高まっている。また、農家の高齢化が一段と深刻化するなか、担い手不足等を背景に農地の遊休化が増大している。このことから、市民が耕作する農園は、都市と農業の共生・市民交流による地域農業の活性化及び農地の保全活用を図ることが強く求められている。

【事業内容】　市民が気軽に農的体験ができる機会を創出するとともに、あわせて農地の保全を図ることを目的とする。農家、NPO、行政、企業等の協働による体験農園モデル事業を実施し、N年に推進委員会の立ち上げと事業用地の選定、簡易基盤整備（土壌改良等）を実施し、N＋1〜2年度に、各年1箇所開設する。また、これらの機運を醸成し、市民が農業を考えるための市民農業フォーラムを開催する。

・（仮称）さっぽろ元気ファーム推進委員会の立ち上げ

・事業用地（協力農家の農地）の選定及び簡易土壌改良整備

・さっぽろ元気ファーム推進委員会事務費

・市民農業フォーラムの開催

【事業手法や事業規模等】原則、共同作業による体験型農園として、また、施設整備を予定していないため、規模をあまり大きくしない（1ha程度）。

　ファームの運営は、NPOなど農業応援団体が協力。園主（開設農家）及び団体から栽培指導を受けられる。簡易な土壌改良の経費は、行政の支援によって行うが、その他の必要経費は、利用者からの入園料と企業の支援金によって賄う。また、入園者同士の交流会の開催など実施。行政は、関係機関と連携して制度PRを行う。

・事業予定地は、遊休農地等で未管理牧草地等が多く、体験型農園開始時の土壌条件に恵まれていないため、堆肥投入、プラウ耕など簡易な土壌整備を実施する。

　※次年度開設のための準備　1haの開設：600,000円（@6,000円/10a）（14）

・推進委員会アドバイザー謝礼

　20,000円×1人×3h×3回＝180,000円　（07）

・事業パンフレット作成

　600円×500部＝300,000円（10-51）

・市民農業フォーラム　700,000円　（12）

合計　1,780 千円

事務費等

①時間外勤務手当

　時間外勤務手当の予算は、執行にあたっては、流用増が禁止されることが多く、所要の金額確保に留意することになります。

　最近、法改正や新しい制度の創設が相次ぎ、規程やシステムの整備について短期間で対応しなければならないことも増えています。この一方、職員の健康管理、ワークライフバランスの観点から、時間外勤務の縮減は、しっかりと取り組みを進めていかなければなりません。

　時間外勤務命令の管理の強化、ノー残業デーの徹底のほか、週休日勤務の振替や時差勤務なども進められてきています。業務の基本動作も今一度の見直しも必要です。また、最近では、AIやRPA（ロボテックス・プロセス・オートメーション）等の先進技術を活用した業務プロセスの見直しを図ることが求められます。

②報償費

　報償費は、役務の提供等に対する謝礼又は奨励的な要素をもつものです。

　よく問題になるのが、講師謝礼です。大学教授などは基準が定められていますが、著名講師の場合は、交渉ごとになり、1回数十万円以上になることもあります。さらに、秘書などの随行があれば経費が増えます。ただし、チャリティーなど公益的な行事には、実費

程度で協力してもらえる場合もあり、多くの情報を収集して、妥当な積算を行う必要があります。

　また、加賀市では、啓発事業などに係る賞品は、可能な限り市内公共施設の入館券等に振り替えることとしており、公共活動への協力と財政負担の抑制を進めようとしています。

③旅費

　出張旅費については、従来から、必要最小限にすることが求められてきましたが、コロナ禍を経て、リモートによる視察も普及し、さらに、下記の方針等にあるように抑制される傾向にあります。

　「ウェブ会議の推進による業務の効率化や経費の節減を図るため、個々の事業における必要性を十分検討した上で、人数を精査するなど実績等に応じて削減した上で見積もること。」(小平市R5)

　現在は、インターネットなどによって、様々な情報は確かに入手できますが、先進事例などの視察は、キーパーソンの話を聞いたり、施設や事業などを直接確認できることは大きな財産になります。通常流通している話と実際は異なっていたり、また、法律のクリアの仕方や議会対応、住民への説明などなかなか表に出ないような話を聞けることがあります。

　要求については、枠取りではなく、個別の具体の事例を見積もる場合は、これらのことについて、ていねいに説明することが必要です。

④需要費

　行政の執行に伴う物品（備品、原材料に含まれないもの）の購入及び修理等に要する経費で、その効用が比較的短期間に消費されるのが需要費になります。予算要求では、積み上げ計算するよりも、シーリング対応などのための調整対象となることが多い経費です。

印刷製本費については、紙媒体の作成経費です。DX の時代になり、ペーパーレスも広がり、IT を活用した他の様々なツールがあるので、減少傾向が続いています。しかし、高齢社会における周知の手段などとしてなお一定の需要があります。

なお、広報、観光宣伝等を除いて、行政資料を有償頒布することを原則とするところも増えてきています。

「消耗品費、印刷製本費については、死蔵事務用品の活用やペーパーレス化などさらに徹底した節減に努めること。特に、庁用資料等の作成に当たっては必要最小限とし、コピー費の節減や単価の見直しに努め、印刷についても外部印刷物の部数の見直しや庁内印刷の有効利用を図ること。」（千歳市 R5）

食糧費は細節経理されます。会議・式日の茶菓や弁当等、非常用の炊出賄費であり、必要最小限とするべき経費となります。

建物修繕費も細節経理されます。工事請負費との違いが問題になりますが、前者が、小規模で、かつ価値、効用の減少を防ぐものであり、後者が、大規模で、かつ本来の価値又は効用を増加する目的を持つものです。単純に100万円とか130万円で区切り、それ以上は工事請負費とする場合もあります。

「建築基準法第12条点検において是正を求められた施設は、その対応について営繕課等と協議のうえ、予算計上を行うこと」（松阪市 R5）

⑤役務費

庁外へ書類などの郵送料などです。郵送料は、一件あたりの単価は少額でも、大量の件数になる場合もあり、市内特別料金など割引制度をよく調査して、できるだけ効率的な手段を用いることが肝要です。

なお、通訳に係る経費は、役務契約に基づくので、役務費となり

ます。

⑥使用料及び賃貸料

　各種物件等の借上、使用に要する経費です。

　外部の関係者が含まれる会議において、ホテルなど民間の会場を使用していた場合、庁舎内の会議室に切り替えるなど、見直しを進めていく余地があります。

　「会議等の会場使用については市有施設の利用を徹底し、車の借上げ等はその必要性を十分考慮し、節減に努めるとともに、公用自転車の積極的な活用を図ること。また、高速道路の使用は自粛し、時間や交通状況等により真に必要な場合の利用とし、特定目的以外のタクシー利用については廃止する。」（千歳市R5）

　「リース切れは原則再リースを行うこと。ただし、機械の具合等が悪い場合や陳腐化等によって新機種を導入した方が、かえって経費が節減される場合等については財政課と調整すること」（小平市R5）

⑦備品購入費

　備品は、1年以上の耐用年数で、購入価格が、定められた一定額以上の物品を言います。（例：1万円以上）

　備品は、円滑な業務の遂行に支障をきたさない程度まで使用するべきですが、老朽化などによって安全性の懸念がでてきたら早期に更新等を図っていくべきです。そのためには、備品の更新計画の作成も有効です。

　予算要求の方式にもよりますが、更新か新規かで説明の仕方が異なってきます。前者であれば、必要性は一定程度共通認識があるという前提であり、緊急性を説明できれば問題はないでしょう。後者については、それによって、どのような効果が得られるか、業務の

効率化に資するのか、又は、機能強化をはかる目的なのか、その必要性をきちんと説明できることが求められます。

イベント等経費

（1）イベント等経費

　まちおこしや行政施策の市民への周知、普及啓発などために、イベントを開催することは各地で見られてきました。この一方で財政状況は厳しく、さらにコロナ禍で不要不急の活動は控える、ということで、多くのイベントが中止となりました。

　イベントの効果は短期では見えずらく、この中止によるマイナス面もはっきりしたものは出てきません。

　これまで継続的に開催してきた事業でも、単純に再開を考えるのではなく、時代の変化の中で、役割が薄れたものはないのかなど、あらためて必要性などが厳しく問われています。

　また、セミナーなどは、オンラインで行うことが選択肢の一つになります。会場の確保とその費用もかからず、感染症対策のために人数を絞るようなことも必要ありません。遠方の方も参加できますし、天候や交通状況にも影響されません。さらに、当日使用した資料や動画はそのままアーカイブとして残しておくことが可能で、後日に参加できなかった人なども視聴することができます。

　ただし、参加者同士のコミュニケーションを重視したり、討論会的な要素があるセミナーには、対面方式によることが望ましい場合もあるでしょう。

　予算要求では、まずは、オンライン方式でできないかを検討した上で、それが難しければ、対面方式を採用する、といった順番で考

えていくことが適当でしょう。

　各自治体には、数多くの式典を開催してきた経験があり、そのための各種備品をはじめ、ノウハウを持っているはずですが、部局単位に止まっていることが多いようです。それを、庁内の共通資産に置き換え、全庁的な活用の仕組みを構築してくことが求められます。

　「イベント・式典等で使用する物品は、市で所有しているものは最大限に活用し、安易にリース等により調達しないこと」（京丹後市 R5）

　奈良市では、職員提案によって、行事の必要備品の有効活用を図れるよう、貸出、借受けルールを策定しました。

（2）イベント経費の積算

　イベントの主な積算項目をあげてみると、

・シンポジウムやセミナーであれば、その開催の趣旨にふさわしい講師やパネリストの招へいが、ポイントになります。見積もりの時点では、必ずしも特定の名前までは必要はありませんが、どの分野のどのクラスなのかはおさえておきたいところです。謝礼は自治体で基準が定められていますが、これに当てはまらない場合もあります。趣旨などに理解を求めながら、各自治体で妥当とされる金額で理解を得るような交渉も欠かせないでしょう。

・会場については、開催が土日の想定で、大きなキャパが必要なら、早く仮予約をしておかなければ、すぐに埋まってしまいます。会場使用料のほか、設備使用料も意外とかかることがあるので、施設側によく確認をしておくことが必要です。

・当日のプログラムやパンフレットなど参加者への配布物も、できるだけ簡素にすることが求められますが、実際に用意する場合は、意外と経費はかかるので、過去の実績確認や参考見積もりを徴しておきましょう。

・託児サービスを行うとすれば、そのスペースの確認、担うのはボランティアか民間の団体にするのかでも経費は異なってきます。

・会場内の看板、垂れ幕、玄関前の立て看板など別途費用が必要となることが少なくないので、施設側と十分打ち合せをしておくことが必要です。

・参加者の体験活動があったり、移動するようなことがあれば、その態様に応じて、保険も検討していくことになります。

〈見積もりの事例〉

鳥取県西部地震15年フォーラム開催事業〔西部地震15年事業〕[1]

平成27年は、鳥取県西部地震（平成12年10月6日）から15年の節目にあたることから、この機会を捉えて、防災意識向上事業を実施することにより、風化が懸念される鳥取県西部地震の教訓を再認識するとともに、県民の防災意識の向上や防災・減災マインドを醸成する契機とする。

また、人口減少や地域間連携の視点を踏まえ、これからの防災のあり方について考える。

○予算要求額

■報償費　150千円

講師　50,000円

パネリスト等　100,000円（20,000×5名）

■特別旅費　200千円

講師　150,000円（宮城・1泊2日）

地震体験者、パネラー等　50,000円（県内10,000円×5名）

■食糧費　160千円

講師ほか弁当、茶菓代　（2,000円×20名）

意見交換会費（8,000円×15名）

■その他需用費　700千円

看板、垂れ幕、チラシ、プログラム作成　700,000円

■役務費　　100千円

　テープ起こし、要約筆記　100,000円

■使用料及び賃借料　350千円

　会場使用料　　350,000円

　　　　　　　　　　　　　　　合計　1,660千円

　防災については、その地域によっての状況は異りますが、官民あげ
ての取り組みが大切であり、防災意識の向上のイベントの必要性は
小さくありません。節目の年に実施する、ということも納得されや
すいでしょう。

　経費については、イベントの開催の目的からみて、講師など出演
者などの人数や謝礼、開催PRや参加人数と会場の規模、関係資料
の作成経費などから、過大ではないのか、また、他の防災対策事業
でどこまで経費をかけているのかといった相対的な側面もあわせて、
妥当性を判断していきましょう。

（3）周年行事

　イベントが大きく見直される中、周年行事についても、これまで
の開催間隔をあけるなど、見直しの対象となるでしょう。しかし、
最近は、都市のアイデンティや魅力をアピールするシティプロモー
ションの観点から実施されることもあるようです。

　そこで、周年行事の予算要求を考えてみましょう。

　例えば、姉妹都市40周年記念行事ならば、過去の周年行事の実績
を調査するのが、見積もりのスタートになります。互いの都市への
訪問団の有無によっても、経費は大きく異なります。また、旅費な
どについて参加者に応分の負担を求めることも大切な視点になりま
す。

　さらに、国際部門だけで行事を行うのではなく、全庁的に既存事

業に記念事業の趣旨も重ねて行う事業を展開できれば、事業規模も
抑制できて、効率的です。

○札幌市の例　　　　　　　　　　　　　　　　（単価：千円）

　札幌・ポートランド姉妹都市提携50周年記念事業　　10,500

　　　50周年記念式典等　　　　　　　3,800

　　　本市訪問団旅費等　　　　　　　2,650

　　　ポートランド訪問団滞在経費等　1,950

　　　事務費　　　　　　　　　　　　2,100

（参考）　ポートランド　　45周年　6,500　平成16年度

　　　　　瀋陽　　　　　　25周年　5,800　平成17年度

　　　　　ノボシビルスク　15周年　6,000　平成17年度

　　　　　ミュンヘン　　　35周年　5,800　平成19年度

　また、○○○サミットといった全国規模の事業を初めて自分の自
治体で行う場合、当然、過去の実績はありません。他都市の実績を
調査して、自治体の規模、事業費などから、おおよその事業規模を
試算し、これを一つの目安にして事業費の積み上げをしていくこと
になります。

　（例）北海道洞爺湖サミット開催関連事業を積算する場合に、　九
州沖縄サミットの際の那覇市実績から、標準財政規模の差から、規
模を推計しました。

（単位：千円）

	那覇市（A）	札幌市（B）	B/A
標準財政規模	51,427,808	403,994,034	7.86

　那覇市実績13,262⇒札幌市想定額　13,262×7.86≒104,000千円

委託料

（1）委託全般

　安易な委託は認めない、と予算見積要領に記載されることが多くなっています。ただし、これからは、特別の専門性や広範囲の知識が必要な行政課題が増え、職員のみで立案するよりも、短期間に成果が得られる手法としてのアウトソーシングは検討に値します。

　現在、新規の委託では、既存の予算の上乗せという理解になってしまっていますが、直接執行した場合には、所要の事務事業費に加えて職員の人件費のコストがあります。事業課としては、その委託内容の専門性と効率性などの面から、直接執行の場合のコストと新たに委託した場合のコストを比較した上で、アウトソーシングが必要という論理を立てることができれば、予算化に向けて前進できます。

　行政の直接執行より、民間の活力を活用することが有利な場合は、積極的に取り組むべきであり、しっかりとコントロールできるノウハウを自治体側が持つことが求められます。

（2）ポスター制作などの委託

　企画などを含んだ印刷は、業務委託になります。

　最近は、ポスターやリーフレットについては、ソフトウェアを使って、自前で作ることも増えてきました。コストがおさえられ、自由度もあります。それでも、大規模な会議においては、デザイン

の専門性やクオリティ確保の観点から、なお外部に委託することもあるでしょう。用途に応じて、適切な選択をしましょう。

委託料を見積もるにあたっては、過去の実績があれば、それを参考にします。

まず、仕様がポイントであり、用紙の種類は、上質紙、マットコート紙、コート紙などがあり、厚さの違いもあります。

パンフレットの印刷では、頁数と部数によって、経費は異なります。ただし、1,000部に対して2,000部の経費が倍になるということではありません。部数を絞ってしまって、執行段階で不足、追加印刷するようなリスクがあるのなら、当初から一定数の印刷部数にする方が経費を抑制することになります。

図表5−4は、ポスターとリーフレットの制作業務委託費の積算事例です。

デザインは、原稿がある場合と委託先に任せる場合とで大きく異なります。図表5−4も価格は、後者の方です。イラストは4万円前後が相場のようですが、大きさによって異なってきます。価格は内容によって大きく増減するものであり、参考見積りも徴して、積み上げることです。

なお、民間の情報誌と連携して、PR情報を経費負担なしで掲載したり、逆に、新たなPR冊子を低額の負担で作成したりするような手法も検討に値します。

（3）引越し業務の委託

人口減少、庁舎の老朽化、民間ビルの空室増などから、行政の事務室が民間ビルに入居することがあります。まずは、他部局での実績があれば、それを調べてみましょう。次に、専門業者から見積もりを徴取しますが、基本的な事柄を理解しておかないと、適切な設計ができません。また、何を移して、何を処分するか、梱包はどち

図表 5 - 4　制作業務委託費

項　目	仕　様	数量	単位	単　価	金　額
Ⅰポスター					363,000
制作　企画費		1	式	30,000	30,000
デザイン		1	式	80,000	80,000
イラスト	（データ作成）	1	点	90,000	90,000
版下		1	点	30,000	30,000
印刷費	B 2 版、2 色、コート紙135kg 再生紙	200	枚	500	100,000
Ⅱリーフレット	A 3 両面二つ折				539,000
制作　企画費		1	式	50,000	50,000
デザイン	A 3 両面二つ折	1	式	80,000	80,000
イラスト	表紙	1	点	60,000	60,000
	中面	3	点	40,000	120,000
版下	A 3 両面	2	枚	15,000	30,000
印刷費	2 色 + 2 色、コート紙110kg 再生紙	5,000	枚	30	150,000
合　　計					902,000

※内訳の単価は税抜き

らが行うか、移動先での設置業務はどこまで行うか、といった引越し業務の仕様にどこまで含まれているか微妙な部分もあるので、詳細に詰めると同時に、可能であれば、少し幅をもった内容で積み上げをしておきたいところです。

　次は、ある自治体の引越し業務の内容とそれに係る積算の内訳です（一部修正）。

　業務内容
（2）図面等の作成
　　ア　什器備品配置現状図及び新レイアウト図

イ　タイムスケジュール表

　　　・○○条ビル及び他の受注業者との日程・時間調整

　　　・移転部局との日程・時間調整

　　　・エレベーター等本庁舎施設の使用日程・時間調整

（３）養生

　　什器備品の移設に伴う養生

（４）什器備品等の移設

（５）移設用段ボール等消耗品

　　　・段ボール800個（325mm×295mm×425mm）

　　　・什器・備品整理用シール4000枚

（５）移設した電子機器等の調整

A部什器備品移設業務

項　　　目	数　量	単位	単価(円)	金額(円)	備　　　考
新レイアウト作図	5	人	18,000	90,000	
移動書庫解体・組立	20	人	18,000	360,000	
パソコン　移設・調整料	30	台	3,000	90,000	
庁舎内養生○階〜1階	300	㎡	440	132,000	下地シート及びコンパネ敷設
移設トラック　4t	3	台	27,000	81,000	一般的レンタカー料金
移設トラック　4t クレーン車(助手付)	1	台	45,000	45,000	一般的レンタカー料金1台＋1人
搬出・搬入作業員	30	人	18,000	540,000	
段ボール	800	個	200	160,000	納入・一時保管含む
荷札	4,000	枚	15	60,000	什器備品等整理番号シール
小計				1,558,000	
一般管理費(20%)				311,600	
計				1,869,000	千円未満切り捨て
消費税及び地方消費税				186,900	
合計				2,055,900	

　実際の予算要求にあたっては、上図のような積み上げ計算を行っ
て、過去の実績から妥当と判断されれば、この積算で要求すること
になりますが、実績がもう少し低額ということであれば、入札の結
果なのか、仕様の差によるものかを、確認をする必要があります。

指定管理料

●指定管理料

　指定管理者制度の目的は、民間のノウハウを生かして、行政サービスの向上と効率化の実現を目指すものです。現在、全国の77,537施設に導入されており、都道府県の導入率は59.5%となっています[2]。かなり定着したと言ってよいでしょう。しかし、その制度を十二分に活かし、効果を最大限に発揮している施設はどのくらいあるでしょうか。

　従来のような管理委託のように自治体が細部まで指導する施設もあれば、逆に、丸投げ状態で指定管理事業の実態をよく把握できていない、といったこともあるようです。長年の指定管理において、適切な指揮監督と評価が行われていなければ、自治体側に、ノウハウが枯渇していくような実態も出てきています。一部では、直営に戻すケースもあります。

　指定管理者制度導入当初によるコストダウンは、スタッフ給与の水準の低さによることが主でしたが、これも、段々と見直されてきて、財政効果が出ていない施設が増えてきているようです。

　また、小規模な自治体であれば、指定管理を受けることができる企業・団体がそもそも少ないといった悩みを抱えるところもあります。

　指定管理事業では、民間企業の創意工夫が発揮できるような仕様にして、全体として、政策目的の達成と財政効果を得られるような

仕組みとすることが求められます。

　支出は、人件費から事務費、維持管理費、事業費など、その施設に関わる支出を積算します。収入は、利用料金や実費的な収入などを見積もります。これらの収支差を指定管理料として措置することになります。

　これらの積算では、自治体本体の要求における基準などに準拠することになりますが、民間企業のノウハウを生かしや効率化やサービス向上を期待している訳ですから、支出の削減、収入の増加をどこまで見込むかがポイントになります。

　なお、指定管理者による自主事業の範囲をかなり限定的に解釈している場合があるようですが、収益事業は不可ということではなく、事前に協定の中で定めることが望ましいですが、収益が出れば、それは、サービス還元ということで、利用者サービスにあてるか、自治体に還元などが行われれば問題はありません。すなわち、その施設の趣旨・目的を阻害するようなことは認められませんが、それ以外では、自治体との協議の上で、十分可能です。

　なお、物価・金利の変動に伴う経費の増加又は収入の減少については、リスク分担としては、指定管理者の負担が原則とすることが一般的です。しかし、ロシアのウクライナ侵攻によって発生した物価高騰、エネルギー価格高騰については、当初予測できない「不測の事態」とする可能性もあります。事業課としては、所管施設の影響をおさえるため、財政当局と協議するとともに、全庁的な統一対応を促していくことも大切です。なお、経費増加分の要求が認められる場合は、原則として、債務負担行為の変更が必要となるでしょう。

公共施設の建設事業費

（1）公共施設の老朽化

　公共施設の整備については、公共施設等総合管理計画や個別施設計画などにそった予算要求をしていくことが基本となります。

　しかし、実際の整備費を要求する段階では、長寿命化を図っていくのか、補修に留めるかなど、将来の需要の見通しなどをきちんと議論しなくてはいけません。

　公共施設マネジメント担当部署があれば、事前の協議を求め、全体を通して、優先順位を決めていくことが望ましい形になります。また、施設の統廃合に向かうのであれば、検討協議会などを設置し住民にも説明・協議などをしていくことも求められ、議会にも方針や経過説明なども行っていきます。

　また、計画に基づいた事業であれば、公共施設等適正管理推進事業債があり、「集約化・複合化事業」「長寿命化事業」や「脱炭素化事業」などが対象事業であって、充当率が90％、元利償還に対する交付税措置も一部を除いてあり、財源的には使いでのある地方債となっており、対象事業や期限などの条件を踏まえて、その活用を検討することが求められます。

（2）見積もりの方法

　新しい公共施設の整備や、大規模改修を直接事業課が行う場合、営繕部局に建築費の見積もりを依頼して、それを元に事業課が予算

見積書を作成することになります。ただし、その建築の単価が妥当なのか、建築の仕様は適正なのかなど、建築の専門知識のない事業担当者にはなかなか判断が難しいのも事実です。

　ある政令指定都市では、公共施設整備の予算要求をする場合に、既存の建築単価の実績から見積もりの妥当性をチェックするための「建築予算見積書」の作成が求められます。

　工事費を「建築」「電気」「設備」に分けて整理することによって、建築単価の分析を容易することができます。通常、建築については専門的知識が必要であり、新たな施設整備の見積もりは、要求側も査定側もそれなりの労力を要することとなりますが、類似施設の実績と比較することによって、工種ごとにレベルなどをチェックすることができれば、比較的容易に建築費の妥当性を判断することができます。

　また、老朽化した施設について、強度を高める耐震工事や改修工事を行う場合に、そこにアスベストがあれば、除去工事を行う必要があります。これによって、通常の工期より伸びるなど全体の工期と工事費に影響が及ぶこともありますので、注意が必要です。

　なお、全体事業費を明確に示さず、設計費などを予算に計上するいわゆる「頭出し予算」と呼ばれる手法があります。これは、事業の着手を優先して、全体の財政負担がみえないので、望ましいとは言えません。全体の事業費の概算やランニングコストなどをできるだけ具体的に示すことが求められます。

図表5-5は、○○センター改築工事の見積もりです[3]。比較施設として、同じ規模のセンターの実績が示されています。いずれもRC造り地上2階建て。建築工事は、主体工事の単価が、比較施設をやや下回る見積もりになっています。また、電気については、比較施設が太陽光に係る分が特別加算されて大幅に高くなっていますが、通常工事では、要求施設の方が高くなっています。機械工事では、特別加算（排水）によって要求施設の単価が高くなっています。

　このように、各工種の主要な内訳をみることによって、全体として、妥当な水準になっているのか、又は、特別な事情によって建築単価の増減があるのか、などについて事業課が確認をして、責任をもった要求金額とすることができます。

　施設は一旦整備すれば数十年間の利活用ができますので、長期を見据えて、複合化・多機能化など行いながら、市民の福祉向上を図ることが求められます。

図表5-5　建築予算見積書

事業名		款　項　目　大　中　小	施設名：○○センター改築工事				短縮CD			

施設概要

経費種別	項目	比較施設（○○センター改築工事）床面積 449.37㎡／構造 RC造			要求　床面積 449.80㎡／構造 RC造／階数：地上2階、地下　階			査定		
		㎡単価(円)	金額(千円)	備考	㎡単価(円)	金額(千円)	備考（積算根拠）	㎡単価(円)	金額(千円)	査定理由
建築　直接工事費	主体工事	173,343	77,895		171,263	77,034	173,343円/㎡×449.8㎡×0.988（UP率）=77,034千円		0	
	特別加算工事									
	特殊基礎工事									
	外構工事		6,764			5,178	5,241千円×0.988（UP率）=5,178千円			
工期			6月			6月				
共通費	積上分									
	率分		2,313			2,291				
	率合計		20,698			20,502				
	合計費		23,011			22,793				
消費税			5,384			8,400				
計		251,583	113,054		252,123	113,405		0	0	
電気　直接工事費	通常工事	16,679	7,495		18,584	8,359	18,809円/㎡×449.8㎡×0.988（UP率）=8,359千円		0	
	特別加算工事		8,325	外灯1,378、LED235、太陽光5,754、その他958		247	LED:250千円×0.988=247千円			
工期			6月			6月				
共通費	積上分									
	率分		6,631			4,789				
	率合計		6,631			4,789				
	合計費		1,123			1,072				
消費税										
計		52,460	23,574		32,163	14,467		0	0	
工事請負費（A）　直接工事	通常工事	17,587	7,903		17,374	7,815	17,586円/㎡×449.8㎡×0.988（UP率）=7,815千円		0	

（吹き出し）比較対象となる類似施設の設計額等を記載してください。

（吹き出し）工事費の積算根拠を具体的に記載してください。

項目	内訳			内訳			
機械費 特別加算 工期	2,239 6月			3,844 6月			
	衛生器具1,140、給水393、排水319、ガス387			衛生器具1,354、給水385、排水水1,825、ガス327 3,891×0.988（UP率）＝3,844 千円			
共通費 積上率分						4,644	0
合計	3,939					4,644	0
計	3,939					4,644	0
消費税	704					1,304	
計	32,902	14,785		39,144	17,607		0
その他							
小計	336,945	151,413		323,430	145,479		0
うち主体・通常工事	207,608	93,293		207,221	93,208		0
委託費（B） 土質調査		（税込）			（税込）		
設計 建築		（税込）			（税込）		
設計 設備		（税込）			（税込）		
監理 建築		5,000（税込）			4,957（税込）		
監理 設備		2,000（税込）			1,969（税込）		
計		7,000			6,926		0
初度調弁費（C）							
（D）その他 水道負担金		（税込）			（税込）		
下水道負担金		（税込）			（税込）		
計		0			0		0
計（E＝A+B+C+D）		158,413			152,405		0
用地取得費（F）	352,522	158,413		338,828	152,405		
合計（E+F）	352,522	**158,413**		338,828	**152,405**		0
（参考）事務費 原局 建築	1,151	※事務費は、工事費から切り出し		1,151	※事務費は、工事費から切り出し		
計	1,151			1,151			0

30

公共施設の維持管理費

（1）施設維持管理費

　建物の清掃警備等の業務については、履行品質の確保とともに低価格による弊害を防ぐ目的から、最低制限価格制度又は低入札価格調査制度が適用されています。

　労務単価は、その時の経済・雇用状況に影響されますが、上昇している局面では、その分を見積もり、予算金額が不足しないよう、これまでの経年の実績などを示しながら、所要の予算額を確保していく必要があります。

　また、シーリングなどの理由で、予算額の抑制を求められる場合、仕様の見直しを行うしかありません。清掃業務であれば、事務室の床の表面洗浄の回数を減らすなど、常日ごろから、清掃の状況や執務環境について意識をしておく必要があります。

　機械警備については、基地局（本部）経費があり、施設に設置する機械器具については、受託者側で調達する契約が一般的です。また、設置費用が施設の構造や面積によって、相違することになるので、複数の警備会社から情報収集をしておく必要があります。

　これらの委託業務は、大型の公共施設であれば、かなり指定管理事業の中で措置されていますが、直営と同様に適切な手続きによって適正な価格が確保されるべきものです。

（2）公共施設マネジメント

　公共施設のメンテナンスの記録をとって、修繕や更新計画を作成していくことが大切です。

　点検、改修履歴をシステムで管理できれば、データを関係者で共有でき、予算要求、査定においても活用することができます。

　また、公共施設の保全業務の質を高めて、効率的に実施するための手法として包括施設管理があります。これは、縦割り組織と予算によって、個別に管理運営されている施設に対して、施設・設備の点検などの業務を、専門事業者に一括発注することで、専門知識と経験に基づく施設の点検管理を確実に、効率的に行うことができる形態です。

　包括施設管理によって、施設の保全、コスト、利用データの一元管理ができれば、施設の稼働率と利用率の向上に活かすこともできます。

　予算としては、公共施設マネジメントの費目に一括計上して、決算統計では、各施設の目的の費目に決算額を振り分けることで対応できます。

　包括施設管理は、これまで全国で50程度の自治体で導入されたほか、小規模自治体でも広域での連携による検討も行われています。

　明石市では、包括施設管理に組み込んだ業務は、従来10名程度の担当でしたが、これを8名削減、新たに担当者一名を配置し、新たに発生する受託者のマネジメント経費（主に人件費）分を引いても、トータル48百万円のコスト削減効果を生み出しています[4]。

（3）ウィズ/ポストコロナ社会の公共施設

　コロナ禍によって、私たちの生活は大きく影響を受け、社会は新常態への移行が図られてきていますが、公共施設マネジメントにおいても、大きな課題が提起されています。

第一は住民が集まることを目的とした公共施設において、集まりが制約されたということです。

　学校をはじめとする公共施設の多くが、2020年に約3ヶ月間、休校、休館せざるを得なくなるなど、多くの制約が生じました。一方で、既存の公共施設の休館による住民の生活に支障が生じた事例は、学校施設を除くと表面的には一部であり、公共施設の役割や機能があらためてクローズアップされたのです。公共施設に直接出向く前提のサービスは、万人のための公共サービスといえるのか、といった疑問も出てきました。現在取組が進められているデジタル田園都市国家構想などによってDXが大きく進んでいけば、時間や空間にほとんど制約を受けないような形で公共サービスの提供が可能となり、公共施設のあり方は、その機能がより重視されていくはずです。

　第二は、ウクライナ危機によって世界はグローバル化から大きく転換し、エネルギー価格や食糧、為替の変動が日本経済に影響を及ぼしています。地球環境問題への対応もあり、自治体は、脱炭素・循環型社会を目指して、新たな投資も必要とされる中、これまでどおりの財源の確保は困難となります。

　このような状況において、利用が少ない公共施設を抱え込んでいては、行政経営を圧迫することになり、必要な行政サービスを提供することが困難になります。公共施設それ自体は、固定資産であり、規模が大きいほど、また設備が複雑なほど、毎年の維持管理費がかさみます。

⬡ **31** ⬡

負担金及び補助金

（1）負担金

　特定の事業について、自治体が特別の利益を受けることに対して、経費の全部又は一部を負担する支出です。

　また、自治体が構成員になっている団体の費用に充てるため、あらかじめ取り決められた金額の支出が負担金であり、予算編成において、見直しを促されることが多くなっています。

　全国〇〇〇協議会のような共通の規模や性格又は目的を持つ自治体の集まりはなお一定数あります。以前は、自動的に加入するような状況もありましたが、現在は、協議会の活動内容、その会費負担などから、その費用対効果を見極め、会員継続の是非の検討を行うことが求められます。

　脱退や会費の減額要請などをする場合は、協議会の総会など必要な手続きを踏まなければなりませんので、遅くとも次年度の予算を議論する前の夏頃までには協議開始や通知をしておく必要があります。

　なお、自治体が他の団体とともに主催する事業に係る経費の一部を負担する場合は、補助金ではなく、負担金になります。

（2）補助金

　補助金は、特定の事業又は研究を助成するために法令に基づいて交付、あるいは、特定の事業又は研究が公益上必要がある場合にこ

れを助成するために要する経費です。

　補助金は、民間企業、民間団体の力や公私の役割に応じた助成を政策的に行うものですが、適切な効果検証なしで継続しているものもあり、行政改革の主要な項目になることが多くなっています。

　一方、交付を受ける団体等も、真に必要な限度で補助金を申請し、かつ、有効に使う意識が、時に薄くなっている場合があります。

　一般的に、他から得たお金と自分のお金のどちらを大切にするか、と考えると分かりやすいでしょう。例えば、地域経済活性化に向けて、補助事業によって商業施設を作ると、その後の経営が悪化する場合が少なくない、といわれています。その理由は、

・予算獲得のため、不必要なほど事業規模を拡大

・施設を作ることが目的化し、テナントの需要が二の次

・途中で中止や縮小が出来ない

（日本経済新聞　26.12.7）

　補助金については、それ自体が問題ということではなく、その効果や必要性についてきちんと審査せず、漫然と交付していることが問題と考えられます。

　補助率の基準については、1／2以下に設定されることが多くみられます。

　基準自体は、一つのモノサシとして意味はありますが、行政施策の促進、団体の育成など、様々な目的があり、内容やこれまでの実績や経緯などを検証しなくてはならないでしょう。

　いずれにせよ、まず補助金の透明性を確保するための以下のような取り組みを進めることが大切です。

・公募制の導入

・交付基準を明確にする。少なくとも要綱の制定

・補助金を評価・審査する体制として第三者機関の設置[5]

なお、札幌市では、補助金を継続する必要性について、ゼロベースで検討を行うための下記の「付属説明書（団体分）」を平成27年度予算編成で提出させています。調書には「補助の必要性」（導入時と現在）があります。導入時には、それなりの理由はあったものの、現在は、事情が変化している、ということは少なくありません。例えば10年前には、交付団体の活動が、ほかにほとんどなく、公益性も高かったが、現在は、NPOなど市民団体も含めて様々な活動がなされている、ということもあるでしょう。「漫然」と行政が補助し、民間団体が受けている、といった事態はないのか、今一度見直してみる必要があります。

図表 5－6　補助金付属説明書

<基本事項>

平成27年度　付属説明書（団体分）

*のある欄は金額を入力すると自動的に表示されます。

項目		開始年度	平成3年度	終了（見直し）年度	見直し年度 H26
補助名称	○○協議会補助金				
事業担当課	○)総務部総務課	電話	211-○○○○		
対象団体	札幌市○○委員協議会				
団体の概要	本市の○○委員を会員として、この委員活動の健全な発展に寄与するため、各種研修会等の開催などの活動を行っている。				
代表者	●● ●●				

（注記）平成21年度の包括外部監査で指摘されているため、想定している終了（見直し）年度を記入してください。

（注記）団体の沿革や事業内容を記載してください。

		24年度決算	25年度決算	26年度予算	27年度要求
予算規模（千円）		10,000	10,000	10,000	10,000
当期損益					
歳入内訳	本市補助金	1,000	1,000	1,000	1,000
	本市補助金の構成割合	10.0% *	10.0% *	10.0% *	10.0% *
	国庫補助金				
	道府補助金				
	会費・負担金	7,000	6,000	7,000	7,000
	その他	2,000	3,000	2,000	2,000
補助対象経費（千円）		2,000	2,000	2,000	2,000
補助対象経費（%）		20.0% *	20.0% *	20.0% *	20.0% *

<事業の分析>

補助の必要性	導入時	当協議会は、○○委員相互の連絡、○○委員活動の健全な発展・協調を図り、委員活動の健全な発展に寄与することを目的として、各種研修会、専門部会を開催するなどの活動を行う。当協議会への補助により、個々の委員の資質向上・活動の発展が見込まれ、それにより、本市の福祉に行政の一層円滑な執行に寄与する。
	現在	平成○年○月に策定された札幌市○○社会計画において、○○委員は地域福祉の推進役として位置付けられており、地域において相談、指導助言等の担い手として活動し、本市が地域福祉を推進していく上で、重要な役割を果たしている。これら委員活動を強化していくために、行政として研修等を実施しており、当協議会はこれら研修を代替し自主的な活動として実施している。

終了（見込）年度以降の継続理由		平成○年○月に策定された札幌市○○計画の終了予定年度が平成26年度であったことから、当該補助については、新計画が策定され実施期間とした新計画において、また、当協議会の終了予定年度が平成30年度であったが、このため、平成30年度末までを実施期間とし、平成30年度地域福祉の推進役として位置づけられていることから、平成30年...

補助対象経費（各項目ごとの内容）	本部運営経費（人件費、事務所賃料等）	平成21年度包括外部監査の支出に関し、団体の運営費部分の補助金の支出については、当該部分の自主財源による支出に努力によって解消すべきものと考えられるため、原則廃止としている。公益的活動を行うために当該団体が存在し、かつ他に代替する団体が存在し、当該団体をやむを得ないと考えられる場合、運営費補助とし、その理由を付属説明書に明記すること。また、運営費補助となっている団体の経費の種類を記載してください。・理事人件費、事務所賃料など　なお、「管理費率（＝管理費／経常収益）」、「人件費率（＝人件費／経常収益）」を各団体運営の効率性の指標とし、団体の運営指導に活用すること。
	事業費（団体が実施する事業に係る補助）	○○委員協議会研修費、○○専門部会...
	その他	

補助対象とする理由		当協議会による研修会等の実施により、○○委員の資質向上に寄与している。また、○○委員法に定められているとおり、市町村は研修会等を通じて委員への指導訓練を行うこととされている。上記に対する補助金交付が負担にむをえないと考える理由を具体的に記載してください。・〜を実施するために公益上必要不可欠な団体であり、他に代替する団体が存在しない・〜事業は・・・のため公益上必要な事業であり、補助金交付により○○の効果がある

補助金の算出方法		補助対象経費の額。研修会開催費：定額1,000千円。補助対象経費ごとに算出方法を記載してください。・人件費　○人×○○千円

<事業の評価>

今後の方向性・具体的取組		○○委員は地域の身近なところで、行政機関に協力しながら、多岐にわたる業務を無報酬で行っている。○○委員の資質向上のために当協議会が行う研修などに対して、行政として補助として補助を行っていく必要がある。

（3）補助金の活用

　補助金については、見直しの指針が示されることはありますが、しっかりと活用していくかの視点は少ないようです。補助金が行政と住民との協働のツールとしてもっと積極的に位置づけられることも可能ではないでしょうか。

　従来、公私の役割分担がよく取り沙汰されていますが、何が行政の業務なのか、守備範囲になるのか、簡単に線引きするのは難しく、個々の事情によって異なります。公共は官の役割、プライベートは民の役割と行った単純な二分法では対応し得ないように公共圏は変わってきています。

　この一方、官民の協働事業を奨励して、民間活力を生かす方向は強化されており、公益性の観点から民間活動を支援する補助金の意義をあらためて整理していく必要があります。

　今後、行政課題が増大する一方、職員を増やすことは困難でしょう。官民が役割分担や協働をしながら、公共サービスの供給が求められているのです。その場合に、NPOや民間団体に助成をして、一定の公共サービスが推進されることは、効果的で効率的な手法の一つと言えるでしょう。

　新規事業の企画では、直接の執行のほかに、その全部又は一部を補助事業として構築できないかも検討することも選択肢の一つになるべきです。民のノウハウや機動性など活かすこともできるかもしれません。

　また、既存の事業でも、直営で行うことが望ましい事業、内部的な業務などを除いて、補助事業移行を検討してみてもいいでしょう。

　行政経営の中で、委託、補助、負担、直接執行という事業の支出の形態がありますが、公共は、あらゆる主体が担うことが可能ですので、成果をあげるために最も効果的な手法を選択すればよいのです。

31

義務的経費

（1）義務的経費

　予算編成方針の中で、財政状況の厳しさを数字、グラフで表すなど、どの自治体も一様に厳しく、財源不足が見込まれるとされるのが通例です。この試算の前提として、歳入は、比較的安全又は中立な伸び率で、歳出は、過去の推移の延長線上で推計していることが多く、厳しい財政についての意識を浸透させる側面もあるようにみられます。

　この中では、人件費、扶助費、公債費の義務的経費は、削減が難しい経費とされます。

　これらが増えると一般財源の使消が増加し、経常収支比率が上昇し、財政の硬直化が進むことになります。確かに職員は雇用が守られており、事業の削減があったとしても、すぐには定数削減とはなりません。扶助費については、法定受託事務の割合が高く、裁量で事業水準を動かせるものは多くはありません。公債費もすでに発行した地方債の元利償還金ですから、この点においては、まさに、義務的な支出です。

　しかし、人件費のベースとなる職員定数は決して動かせないものではありません。現状の職員の生産性を、1割でもアップすれば、大きな効果が得られますし、定数見直しをすることも可能です。職員の適切な研修、指導、人事評価などの充実が望まれます。また、アウトソーシングなども戦略的に活用しながら、変動費化する方向

も追求されてよいでしょう。

　扶助費の中で大きいのは、少子高齢社会の中、地域経済の疲弊が進み、生活保護費がその多くを占めている自治体が少なくありません。社会のセーフティーネットとして大変重要ですが、中長期の視点からは、地域経済の活性化を進めて、減少させていく方向が望ましいと考えられます。そのための産業振興、雇用対策などの諸政策が重要になります。

　公債費についても、景気が回復して、物価、金利が上がれば、税収が増えて、相対的に公債償還の負担が減少します。公債残高の減少を政策目標にしている自治体もありますが、建設から更新、維持管理の時代になろうとしている今、残高が減少傾向になることも少なくありません。

　このようなことを踏まると、義務的経費と呼ばれてきたものも、他の経費ほどではありませんが、削減ないしコントロールができるようになってきており、「義務的」な性格を、相当緩和できると考えることが可能です。

（2）扶助費の見積もり

　高齢化や地域経済の疲弊化によって、扶助費が予算の中で一番の増加経費となっている自治体は少なくありません。多くは国庫負担金などの特定財源がありますが、そこに充当される一般財源の増加が財政を圧迫しています。

　扶助費については、事業課としては、できるだけ不足しないような金額を確保したいところですが（不足すれば、補正予算が必要となります）、財政課としては、できるだけ予算額を抑え、一般財源を抑制したいスタンスになります。当然、経済環境などによっても、大きく増減するものであり、新年度に入って見込み以上の伸びとなる場合は、補正等の対応も必要となってきます。ただし、補正とな

る場合は、当初予算の見通しが甘かったのではないかといった質問も出ることもあり、経済や見通しや対象者の動向などについて、適正に予算を見積もったことを振り返って説明できるような積算にしておくことが大切です。

　図表5-7は、見積もり事例です。

　過去3か年の伸び率と実績を踏まえた上で、新年度に見込まれる特殊要素なども踏まえて見積もりを行っています。

　実は、この場合、決算見込みをどのように算出するか、それによって、経年の伸び率なども影響を受けます。ここでは、すでに実績の出ている3〜7月分に加えて、8〜2月分について、過去3か年の同期間実績の伸び率で見込んでいます。このほか、実績をもとに、月ごとに見込む方法などもあります。

　扶助費については、適正な見積もりの確保と同時に、関係団体との事業との連携と棲み分けや地方単独事業が含まれていれば、適宜その見直しの検討も行っていく必要があります。

図表 5－7　扶助費見積書

項目	単位	N-4年度決算	N-3決~N-4決伸率	N-3年度決算	N-2決~N-3決伸率	N-2年度決算	N-2予~N-2決伸率	N-2年度予算	N-1予~N-2決伸率	N-1年度予算	N-1決見~N-2決伸率	N-1年度決見	N年度予算	対決見伸率	対予算伸率	積算根拠 N-1年度決見	積算根拠 N年度予算	特定財源 国庫負担金（事業費×1/2）/ 道負担費（事業費×1/4）/ 道負担金	一般財源
給付金 単価	円	5,000	0.0	5,000	0.0	5,000	▲10.0	4,500	0.0	4,500	0.0	4,500	4,500	0.0	0.0		N-1年度予算同額	217	73
給付金 件数	件	15	13.3	17	11.8	19	31.6	25	47.4	28		35		24.2	39.1	3~7月実績分に加え、8~2月分について、過去3か年の同期間実績の伸び率で見込んだ	過去3の4年平均(24決、25決、26決見)で、過去3か年の同期間実績の伸び率を算定	145　72	
給付金 金額	円	75	13.3	85	11.8	95	18.9	113	32.6	126	23.8	156		23.8	38.1				
その他 単価	円	2,000	0.0	2,000	0.0	2,000	10.0	2,200	10.0	2,200	0.0	2,200	2,200	0.0	0.0		N-1年度予算同額		
その他 件数	件	20	50.0	30	33.3	40	25.0	50	15.0	46	32.8	61		32.7	22.2	3~7月実績分に加え、8~2月分について、過去3か年の同期間実績の伸び率で見込んだ	過去3の4年平均(N-3決、N-2決、N-1決見)で、過去3か年の同期間実績の伸び率を算定		
その他 金額	円	40	50.0	60	33.3	80	33.3	110	25.0	101	15.0	134		32.7	21.8				
小計		115	26.1	145	20.7	175	20.7	223	27.4	227	29.7	290	290	27.8	30.0			217　145　72	73
単価		0	#DIV/0!	0	#DIV/0!	0	#DIV/0!	0	#DIV/0!	0	#DIV/0!	0	0	#DIV/0!	#DIV/0!				
件数		0	#DIV/0!	0	#DIV/0!	0	#DIV/0!	0	#DIV/0!	0	#DIV/0!	0	0	#DIV/0!	#DIV/0!				
金額		0	#DIV/0!	0	#DIV/0!	0	#DIV/0!	0	#DIV/0!	0	#DIV/0!	0	0	#DIV/0!	#DIV/0!				
単価		0	#DIV/0!	0	#DIV/0!	0	#DIV/0!	0	#DIV/0!	0	#DIV/0!	0	0	#DIV/0!	#DIV/0!				
件数		0	#DIV/0!	0	#DIV/0!	0	#DIV/0!	0	#DIV/0!	0	#DIV/0!	0	0	#DIV/0!	#DIV/0!				
金額		0	#DIV/0!	0	#DIV/0!	0	#DIV/0!	0	#DIV/0!	0	#DIV/0!	0	0	#DIV/0!	#DIV/0!				
合計		115	26.1	145	20.7	175	20.7	223	27.4	227	29.7	290	290	27.8	30.0			217　145　72　0	73
単価		0	#DIV/0!	0	#DIV/0!	0	#DIV/0!	0	#DIV/0!	0	#DIV/0!	0	0	#DIV/0!	#DIV/0!				
件数		0	#DIV/0!	0	#DIV/0!	0	#DIV/0!	0	#DIV/0!	0	#DIV/0!	0	0	#DIV/0!	#DIV/0!				
金額		0	#DIV/0!	0	#DIV/0!	0	#DIV/0!	0	#DIV/0!	0	#DIV/0!	0	0	#DIV/0!	#DIV/0!				
合計		115	26.1	145	20.7	175	20.7	223	27.4	227	29.7	290	290	27.8	30.0			217　145　72　0	73

その他の歳出

（1）繰出金

　企業会計では、経営に要する経費は経営に伴う収入（料金）を
もって充てる独立採算制の原則がありますが、特別会計は一般会計
とは収支を区分することが適当な事業を経理する会計という意味です。

　一般会計から特別会計・企業会計への支出金が繰出金であり、総
務省の通知によって、地方交付税の基準財政需要額に算定されるの
を基準内繰出金、それ以外を基準外の繰出金と呼んでいます。すな
わち、後者は、純粋に一般財源が使消されることになりますので、
財政当局から特に厳しい目で見られる経費です。事業課としても、
その圧縮に向けての検討を行っていく必要があります。

　実際の見積もりにあたっては、会計全体の収入、支出を見積もる
中で、算出されることになりますが、経営・事業全体を踏まえた見
直しの視点を常に持ちながら、積算をすることが求められます。

（2）基金活用事業

　基金の大部分は、奨学金の支給など特定の目的をもって設置運用
されていますが、その果実によって、事業を行う場合があります。
しかし、現在は、金利が低く、従前の運用益が確保できないことが
増えてきています。

　基金の果実を活用して実施している事業のうち、果実のみで事業
実施が困難なものについては、条例に事業実施の根拠を持つものを

除いて、対象事業費を縮減するか基金元金の支消を行うなど、一般財源を充てないことが求められます。

　また、基金元金を取崩す場合、基金所管部が事業をPRして寄付金を募るなど、事業原資を確保する方策について検討することが求められます。

（3）森林環境譲与税充当事業

　2019年度から森林整備等のための森林環境譲与税が自治体に交付されています。使途については、公表することが求められていますが、直接の森林事業がなくても、国産木材を使って施設の調度品をはじめ、幼児のための木製遊具などソフトウェア事業が構築できれば、特定財源として活用ができます。

　小平市の例をみてみましょう。

　「公共施等における国産木材の利用や、国産木材を使用した木製机・椅子・棚等の購入、公園等における国産木材を使用した木製遊具の導入等、国産木材の有効な利活用が予定される事業や木育・森林環境教育などの事業がある場合は、資料（略）を提出すること」（小平市R5）

注

1　http://db.pref.tottori.jp/yosan/27Yosan_Koukai.nsf/1dbd8b5aebcfa556492574810035a6f7/b914039709edd4ce49257ddf00134414?OpenDocument
2　「公の施設の指定管理者制度の導入状況等に関する調査結果」（令和4年3月）総務省　令和3年4月1日現在
3　なお、消費税は8％で積算されている
4　「ポストコロナ社会の公共施設マネジメント」南学編著　学陽書房　2021年P70-71
5　「自治体補助金改革と行政評価の課題」（大杉覚）「会計検査研究」No33（2006. 3）

第6章

予算要求の課題

34

要求事務の課題

（1）浅い経験

　事業課の予算担当になって、要求事務は初めて、そもそも課内の事業もあまり詳しくないといった場合があるでしょう。予算要求の時期に入ると、突発的な指示も増えてきます。最終的には、組織の中で要求案をまとめますが、担当者の段階でしっかりとした要求書作成が求められます。

　まず、できるだけ早く、前年度の関係資料を確認することであり、自分で消化しておくことが大切です。次に、予算要求の作業に入りますが、資料作成にあたっては、ただ前年度と同様に作成するというのではなく、何のための資料かという目的をしっかりと意識して、単なる記載に終わらせないことです。また、関係の条例や組織の方針や各事業の目標を頭の中に落としこんでいければ、応用を効かせたような対応も可能になってくるでしょう。疑問点が出てき場合は、上司の指示や同僚のアドバイスをもらいましょう。自分だけで抱え込むのではなく、先輩、同僚などの力を借りる姿勢が大切であり、いわば、"巻き込み力"といったものが求められます。この場合、普段からの仕事ぶりで、協力度合いによっても変わってくるでしょう。

　また、作成が遅れ気味になると気持ちが急いて、数字の間違いやケアレスミスが起きてしまうことがあります。段取りをしっかりと最初に定めておくことが基本であり、仮にミスが出ても、大切なこ

とは、同じミスは繰り返さないことです。さらに、周りの状況をよく見ておくことがポイントになります。あまり自分の作業だけに没頭していると、全体の動きが見えず、やるべきことに齟齬をきたしてしまうこと出てきてしまいます。

（2）資料作成

　また、上司のタイプも様々であり、あいまいな指示が多く、以前と違う答えが返ってきたりして、作業の手戻りが出るといったようなこともあるでしょう。

　これをできるだけ未然に防止するためには、原案を早めに上司に示して、その意向を繰り返し確認し、必要な修正を早めに行うようにすることです。修正指示が小出しになるような場合は、「締め切りを踏まえて今回のもので成案としたい」といったようなデッドラインを設定してみましょう。さらに、何かと心配をする上司に対しては、財政課の意向を事前に確認して、これを踏まえた予算要求、資料作成であることを説明して、上司を安心させることも作業を早めるコツになります。

　予算要求では、所定の見積書以外にも別途資料を作成することが出てきます。自治体や上司によっても、その頻度やリクエストは大きく異なるでしょうが、資料は、効果的に利用されるものがある一方、あれば使うが、なくても口頭で説明できるようなものが少なくありません。例えば、上司がその上の幹部職員に説明するものであれば、担当者から直接説明することができれば、その資料作成は不用になることもあります。

　通常、階層が上に行けばいくほど、時間に限りがある一方、幅広い分野を判断しなければならないので、簡潔、明瞭な資料作成が求められます。最終ゴールのイメージを最初から持って、資料作成にかかれば、トータルの作成時間は圧縮することができるでしょう。

最近は、予算要求の資料から公開するところもあり、透明性を高める動きが強まっています。議会基本条例において、政策・事業等説明資料の提供を義務づけている自治体もあります。予算案の公表においても、重点事業については、A4版一枚で簡潔にまとめていることが多く、組織内外に適切に説明できるような資料作成は、その事業自体の熟度を高めることにもつながります。

（3）要求基準におさまらない！

　予算見積要領には、対前年度マイナス〇％とする、といった制限が記載されています。決められたルールの順守は大切であり、組織内で最大限努力することは当然ですが、ルールを厳格に運用するあまり、予算の本来の目的に支障をきたすようなことがあれば、問題です。

　首長は、市民の負託に応えるべく、貴重な財源を必要な事業に配分し、市民福祉の向上をはかることを目的としています。社会経済状況、住民のニーズが多様であり、最近は、特に動き早くなっています。コロナの前後で、当たり前と思っていたことが変わってしまったことでもわかります。予算見積要領がまとめられた時に、想定できていなかった特殊事情が発生する場合もあります。新型コロナウィルス感染症、ウクライナ侵攻、それに伴う物価高などを私たちは経験しています。個別の課や担当者だけを特別視するのは論外ですが、事前のルールにはどうして収まらないこともあるかもしれません。首長の重点施策推進、地域の課題解決などからどうしても予算化したい事業又は確保したい金額については、財政課などには、ていねいに事情を説明して、そこでも判断ができなければ、事案を上位に上げていくなど、可能な範囲の努力をしましょう。

組織内の対応

（1）組織内の攻防

　シーリング方式がとられている場合、要求の基準額は、部単位や課単位で括られますので、この中で、優先順位を高くすることができれば、マイナスシーリングだとしても、当該事業は前年度並み、または、増額させることも可能になります。すなわち、予算要求での最初の関門は、組織内部にあると言ってよいのです。ここでは、互いの業務に詳しく、そのボリュームもほぼわかっています。この中で、優先を獲るためには、どう考えればよいでしょうか。

　組織内において、財政課に対する説明と同様に、いかにこの事業、又は、事業費が必要なのかを、緊急性、効率性の面も含めて説明できることが求められます。また、当該事業や項目の予算化が他に優先されるべき理由も説明したいところです。財源負担への考慮も必要にはなりますが、それ以上に、組織が目指すゴールにどれだけ寄与することができるか、を訴えることが大切です。日頃から組織の中で広く理解が得られているかが、大切なポイントの一つになります。

　なお、総合計画やその実施計画に計上されている事業は優先される可能性が高くなりますが、実際は、それ以外でも様々な理由で予算化される事業はあります。それは、トップの指示であったり、報道や議会などで質疑されたことで、その重要性、必要性が高まっていることのエビデンスを提出できるようにしましょう。

次に、途中段階の財政課長査定か、その上の総務部長査定の結果が示され、事業課に「復活要求」の機会が設けられることがあります。復活要求の項目、事業費を決めるにあたって、財政課から、各事業の優先順位を決めてほしいと要請されることがあり、ここで、優先される事業に入らないと予算化が大変厳しくなってしまいます。

（2）経費に応じた取り組み

　各部（課）共通のシーリングだとしても、その固定的な経費のウェイトによって、節減する金額や求められる努力の度合いが異なります。これに対応するためには、普段から、事業の見直しや節減できる可能性について、常に検討しておく必要があります。例えば、手数料がかかる料金後納郵便を見直せないか、民間ビル借上の場合は、そこを撤退して、行政庁舎に執務スペースを確保できないか、PR広告の媒体を変更して、節減できないか、毎年作成しているパンフレットなどは、部数や仕様を見直せないか、または、収入増対策として、駐車場の有料化や広告収入を増やせないか、など、ルーティン業務の中でも改革のタネは随分と詰まっているはずです。

　このシーリング方式においては、所管の事業の性格でも調整の困難性は異なります。また、大きな組織では、調整の難しさはあるものの削減を生み出す余地は大きいのですが、小規模な組織になると、厳しい事態になることがあり得ます。

　このように段々削減の余地も少なくなってきて、シーリングへの対応が厳しくなってきていると考えられていますが、自治体の財源が急に増える訳ではありません。各組織が、自律的経営をめざし、不断から、制度や業務の進め方の根本にも立ち返って、民間も含めた先進事例なども参考としながら、効率化を図れないかを考えていくことが求められます。

困難な事案の要求

（1）レベルアップの要求

　事業課として、現行の事務事業の水準や体制では不十分と考えられる事柄は少なくないでしょう。そこで、対象者の範囲を広げる、カ所数を増やす、サービスのメニューを増やすなど事業の充実（レベルアップ）を要求する場合があります。

　まず、法改正の対応や首長のトップダウンの指示などを除けば、レベルアップの「必然性」を、財政課に説明して、納得してもらうことは、それほど容易ではありません。財政課の立場からは、様々な行政の課題があって、拡充した方がよいものも庁内で数多くあり、肝心の財源は限られていますから、簡単にできる訳ではない、ということになります。そこで、次のような補強できる材料をできるだけ盛り込みながら、要求をしましょう。

・議会で充実などについての質疑があり、要望が出されている
・住民や関係団体の実現要望が強い
・○○委員会、△△検討協議会の中、力を入れるべきと主張されている
・（少ない）事業費の追加で大きな効果が得られる、すなわち費用対効果が大きい

　財政状況が厳しい中、法的義務ではない事業費の増額は、なかなかハードルが高いの現実です。しかし、上記のような理由や背景を

丁寧かつ情熱を持って説明することによって、道が開けることも少なくないでしょう。仮に当該年度は予算化は難しくとも、努力を続けていく姿勢が、やがて実を結ぶこともあります。

（2）"筋が悪い" 事業の要求

　予算要求を行うのは、既存計画で予定されている事業で、住民ニーズも高く、折り目正しく、粛々と作業が進んでいくばかりではありません。時には、イレギュラーなことも起こります。

　事業担当者としては、予定していない予算要求の指示を受けることもあります。既定の計画にもなく、関係者への理解はこれからというような中、（極秘の）トップダウンでの指示事項や計画にない新規事業、一部根強い推進者がいる事業についての対応などです。どれも、一筋縄ではいかず、予算編成の中の限られた時間で処理や合意がなされるのは、相当困難です。予算要求のアリバイだけを確保すればよいのと違って、何らかの予算化が求められるものです。

　まずは関係部局への調整、連絡などです。

　指示を受ける時期にもよりますが、関係部局があれば、事前に理解を求めて、賛成ではなくとも、少なくとも反対ではない、といった地ならしをしておく必要があります。トップダウンの場合は別ですが、その他の事案については、首長への説明と、対応の進め方の指示を仰ぐことが求められます。これを受けて、様々なレベルにおいての調整努力が必要です。政策調整会議といった幹部へ説明の機会があれば、それを活用するのもよいでしょう。この前後には、庁外のキーパーソンへの説明も必要となってくる場合があります。また、財政当局を含めた関係機関への説明は必須です。

　予算は、純粋な政策合理性だけで判断されるのではありません。上司を含めた組織として動き、事前の根回しのようなことも、予算化、事業化には、必要である場合があります。ここでのポイントの

一つは、自課の「利益」だけを主張しないことです。大きな自治体では特にそういう傾向がありますが、各組織で使う専門用語や価値観が異なることが珍しくありません。そこで、自分の所管の事業や制度が、その相手の目的にも資することとなるかを、相手がわかる言葉で説明するのです。事業や制度には、複数の機能や多面的な効果を発揮するすることは珍しくないので、このことも説明に加えましょう。そして、少なくとも反対の立場に立たないと言ってもらえれば、予算化に一歩前進することになります。

　そして、予算要求、査定の場においてです。

　シーリングなどの制約からどうしても要求が難しい場合を除いて、どのように訴えていくことがよいのか、次の二つの方向があると考えられます。

　一つ目は、予算化の必要性について粘り強く交渉することです。主要政策に関係しそうであれば、それに寄与できるなど、とにかく関わりのあるような事柄を総動員して説明するのです。

　もう一つは、それによって、それほどの財政負担にならず、逆に、実施しない場合は政治的な大きなリスクにつがなる、ということを訴えるのです。

　現実として、事業の優先順位というのは、絶対的な基準というものはなく、事業推進の熱意なども、考慮される場合もあり得ます。

　いずれにせよ、情報のアンテナを高くして、関係団体の動向、議会の審議など関係する情報を把握して、内部的に段取りを前に進めていくことが、必要と考えられます。

（3）要求を見送ることも

　「こんな事業を要求することはできないだろうか、部長からの話なんだが」と課長から相談（指示？）を受けるといったことがあります。上司からの話なので、いきなり、「無理です」とは言えない

と思われますので、どのように考えていくべきでしょうか。

　まず、そもそも部長はなぜ、このようなことを言ったのか。部長の上司に言われた、部長自身がひらめいた、たまたま、近隣都市で、同じ事業が始められたことを聞いた、など様々なことがあると思います。まずは、このことを確認した上で、この事業を新たに行う説明ができるのか、他の事業に優先するような事由はあるのか、を検討することになります。

　人口が減少傾向の局面であれば、将来にわたって必要なのかという視点も大切となります。

　そこで、既往事業の内容を少し組み替えることによって対応できないか、予算をかけずに、小規模でモデル的な事柄で始められないか、なども検討してみましょう。または、実現に向けて、需要調査などを行って段階的に進めていくようなスケジュールを提示して、納得してもらえる可能性を探ります。さらには、今回の予算編成では、時間的にも難しいが、その次の年度には、見直しを予定している事業があって、その枠の活用の可能性があるなど、少し長いスパンで考えることで活路を見出すことができるかもしれません。

37

交付税措置のある事業の要求

（1）交付税措置

　地方交付税のうち、普通交付税は、基準財政需要額と基準財政収入額の差額が交付される制度です。基準財政需要額は、標準的な施策を実施するための必要な経費として、単位費用と人口、補正係数などで積算された金額です。

　この他に、特別の財政需要によって交付される特別交付税があります。

　最近は、国の重点政策を推進するための補助金のように特定事業についての財政支援として特別交付税が措置されることが増えています。

　多くの財政状況が厳しい自治体とっては、財源面では、新たな補助金に近い性格ととらえて、歓迎される向きが多いようですが、あくまで、自治体にとって、政策として必要と考える場合のことであり、財源措置があるからと、無暗に事業化することは慎重であるべきでしょう。なお、交付税の補助金化現象については、批判的意見もあるところです。

（2）予算要求の可能性

　基準財政需要額を根拠として、予算化を主張する場合があるようです。確かに、基準財政需要額を一つの目安に事業費を積み上げることはできますが、これはあくまで交付税算定のための基準であり、

交付税は、使途を制限しない一般財源であることから、どれだけ予算化するかは、その事業の必要性や優先度によって判断されるものです。ただし、規準財政需要額を毎年大幅に下回り、かつ、事業の積み残しも多いような場合は、交付税でみられている水準に近づけてほしい、という補足的な説明は可能と言えるでしょう。

第7章

予算査定の対応

財政担当者への対応

（1）財政担当者の考え方

　物事の交渉は、相手が何を考えているかを知ることが大切です。予算査定における財政担当者の考え方をおさえておきましょう。

　財政担当者は、まず、予算見積りの基準に則った要求になっているか、積算は正しく行われているかを確認します。事業課として、この基準を実際に適用する際に、疑問が出てくる場合がありますので、その都度しっかりと確認しておくことが大切です。

　また、要求内容や金額は、そもそも住民や関係機関からみて、問題がないのか、納得いくものか、という観点からもみることになるでしょう。

　さらに、財政課内部において、自身の判断、査定案をきちんと説明できるか、特に財政課長査定をクリアできるか、ということを気にしながら、査定を行っていくことになります。

　なお、ベテランの予算担当者であれば、如何に自分が必要、正しいと思う事業を予算化できたかといったことも重視するでしょう。

　査定については、財政課内においては、各部局に対する期待と疑問、首長や議会の意向の汲み取り、関係住民などからの要望などすべてのファクターを踏まえて、ある種の相場観を持って進められることになります。絶対的基準はなく、ある種相対的な評価によって、事業の規模や新しい事業の採択などが行われていくのです。

　事業課としては、対立的ではなく、予算という作品を一緒に制作

していくという姿勢も大切になります。このためには、予算編成時期だけではなく、普段から、あらゆる機会をとらえて、コミュニケーションをとりながら、Win-Win の関係づくりができるかです。事業課でしか得られない情報の財政課担当者への提供などもよい機会になるでしょう。

（2）事業のプロとして臨む

　事業を一番よく知るのは、事業課の担当者のはずです。事業の根拠から経緯、これまでの実績、将来の方向性まで自分の言葉で語れることを目指しましょう。

　そうなれば、財政担当者とのやりとりにおいて、互いの主張の合意点などを見つけることもできやすくなります。

（3）想定問答の作成

　予算の見積もりの積算基礎となっている対象者の数について、そんなに増える理由は何か、すでに民間などで十分対応できているのではないか、と言った質問や、公金を投入するような効果はあるのか、といった定番の質問が査定の中でのやりとりで出てきます。簡単に答えられるものは別として、事前に、質問を予想して回答を考えておき、常にアップデートできるようにしておきましょう。最初は、箇条書き程度でよく、あまり時間をかけるのも本末転倒です。査定がどんどん上位にあがって、首長査定になった時にもこのことが役立つでしょう。さらには、議会対応の準備にもなります。

（4）資料の提出

　資料提出については、上司に確認をとった上で提出するのが適当です。その資料によっては、査定の方向性を左右することもあり、作成の留意点として、必ずしも財政担当者の意向のみによるのでは

なく、そこに要求側の主張又は視点も盛り込む工夫をしてみましょう。そうでなければ、財政担当者自身が考えていた査定案（一般的には、減額査定）だけに使われる可能性が否定できないのです。

（5）資料にミスがあった！

　要求書を提出した後、ミスに気づくことがあります。もちろん、ミスはないにこしたことはありませんが、実際に、発生することはあり得ます。内訳の計算をミスして、要求額が増加になる場合は、シーリング対象経費であれば、上限を超えてしまうでしょうから、認められません。問題は、一件査定などでその事業費自体が査定対象となっている時です。

　基本は、できるだけ早く財政課に連絡をして、確認をすることです。もちろん、その時点の、査定の進捗度合によっても変わってきて、財政課の判断によりますが、正確な数値に訂正することに躊躇してはいけません。財政担当者など関係職員から厳しいことを言われることは覚悟をしなければなりませんが、それよりも、正確性を確保することが優先です。

　予算要求−査定の限られた時間においては、資料のミス以外でも、様々なアクシデントがあると思った方がよいでしょう。大切なことは、その時点で、適切な予算の確保に向けて、最善と考えられる方向に進むことです。

ヒアリング

（1）目的

　ヒアリングとは、財政担当者などから要求側に、予算要求調書など提出資料の内容や関係事項を確認することによって、予算計上の判断の参考にするために行われるものです。

　組織対組織として場と時間を決めて行うものと、フレシキブルに担当者同士が行うものがあります。

　前者では、主に重点施策や政策的経費に対して行われ、都道府県の場合は、査定側が、財政主幹と財政課の若手職員、要求部局が、課長、予算担当者などが参加します。

（2）進め方

　事業課は、新年度の予算要求の考え方を説明したあと、主な事業について資料を使って説明をしていきます。自治体によって、双方、丁々発止やり合うところと、聞き置き、査定の中で、具体的なやり取りをする、ところがあります。

　事業課としては、しっかりと新年度の方針、そして、重点事業について少しでも理解が広がることに全力を上げます。

　新規事業であれば、必要性や緊急性などは必須のチェック項目ですし、類似事業の規模や他都市の状況なども聞かれるでしょう。事業費の積算根拠は、細部に至るまで、説明できるようにしておきましょう。

後者は、経常的経費も含めて行われます。

継続的な事業でも、財政担当者から改めて尋ねられることがあります。

財政担当者は、査定案を作成するにあたって、要求内容の細部の積算や関連情報について、個別に聞いてくることが一般的です。すべて明解に説明できるのであれば問題はありませんが、難しい場合は、その場の勢いと推量で答えずに、持ち帰って整理して、後刻に資料を提出することにしましょう。

質問をされたということは、事業の理解が得られるチャンスととらえることもできます。

逆に、新規事業などで、質問項目もほとんどなく、妙にあっさりしたヒアリングに終わるとしたら、財政担当者は、予算化に消極的な可能性があります。このような場合は、作戦変更です。事業効果や財政負担、または、首長との方針との関係などについて、それまでと異なった側面から追加説明を行うなど、新たな糸口を見つける努力をしましょう。

なお、財政担当者からのリクエストによって、資料を作成する場合は、少し注意することがあります。例年作成しているものなら、年次進行程度ですからそれほど問題はありませんが、事業の根幹や課題に触れるようなことは一人の判断ではなく、上司などに必要な判断を仰いで組織として作成した上で提出するべきです。提出した資料が、査定案を固める主要な根拠になることも少なくないからです。

予算査定

（1）査定の実際

　特に、臨時的な経費の査定においては、様々なチェックがなされます。

　事業課としては、PR などが浸透する前提での所要経費を見積もったことに対して、初年度だから、そこまで PR は行きわたらないなどとして、要求額をカットすることなどは珍しくないでしょう。事業課としては、予算が不足しては、せっかくのサービス提供の機会を失することにもなり、ある程度余裕を見越して見積もること自体は否定されるべきではないでしょう。その前提の数値が、政策的な意味を持つ場合は、特にそうです。

　予算調整の権限は首長にありますが、前裁き的な査定の権限は、財政課にありますので、この減額について、政策的なものが棄損されることにならないのであれば、従わざるを得ないのが実態です。また、相当程度効果が見込まれる新規事業の要求においても「小さく産んで大きく育てる」などとされ、満額は認められず、スタートがやっときれるような金額の予算化となる場合もあるでしょう。逆に、時代の役割を終えたと認識しつつも、政治的な影響も考えて、一気に廃止するのではなく、経過措置を設ける、というような査定もみられます。

　また、関係団体が新たな制度を要求しているような場合、客観的には効果はあまり期待できないものの、事業課としては、様々な場

面で連携したり、協力を仰いでいる立場として、止むを得ず必要な
事業として要求するようなケースもあるかもしれません。これに対
しては、財政担当者段階では、「効果がない」としてゼロ査定が見
込まれますが、事業課としては、場合によっては復活要求を求める
こともあるでしょう。予算査定では、このような政治的な事柄を調
整する場でもありますが、日頃から十分な協議を事業課と関係団体
で重ねておき、このような事態を未然に防止する努力も求められま
す。

（2）財政部門と企画部門の関係

　自治体によって様々ですが、政策の推進について、どの部局が強
い発言権を保持しているかによって、事業課は、それに応じた備え
をしておく必要があります。

　財政一強なのか、政策部門や行政経営部門も対等なのか。仮に、
政策部門などが一定の力、発言権をもっているとすれば、様々な機
会をとらまえて、予算要求する事柄の理解や推進者になってもらう
ことも有効です。

　一方、財政課の権限が大きいとすれば、その担当者が普段から事
業課の事業にどこまで理解を深めているかが大事なポイントになり
ますし、財政担当者がその上司にどう説明できるか、そこを支援で
きるような説明や資料作成を行うことが重要となります。

　また、トップマネジメントが強いところでは、マニフェスト、総
合計画、議会答弁など、そのトップが重視することを理解して、事
業をまとめる工夫が必要です。

査定のやりとり

（1）査定と要求のポジション

　予算の性格として、前年度予算も含めて過去からの議論の積み重ねの結果であり、これに対する事業費の追加などの挙証責任は要求側が負い、その根拠が薄ければ予算は認められないことになります。

　また、予算査定では、「理念や全体最適 VS 現実と個別最適」の構図も時おり見ることができます。ただ、「無い袖は振れない」（財政課がよく言う言葉）ということになり、どうしても財政課の方にイニシアティブがいってしまいがちです。

（2）実際のやりとり

　査定の中の具体的なやり取り（対応）を考えてみましょう。

○具体的な指摘と対応⇒以下は、事業課の考え方、対応、方針

・　他の事業とどのように違うのか。類似事業と統廃合できないか。

　　⇒事業名も含めて外形的に似たような事業は、それほど珍しくありません。それぞれの目的、対象など制度的な面を中心に、相違する点について、丁寧に説明する必要があります。

　　なお、前段階と後段階のような一連の流れとしてまとめることが可能なら、一つの事業に再構成する方法もあるでしょう。

・　事業規模が過大ではないのか。例）要求額の半分で十分ではないか。

　　⇒決まった規模というか、絶対的な基準は通常はないものの、

合理的な説明ができるよう努力するべきです。必要性、市民ニーズなどから説き起こし、他都市の状況や関連事業のこれまでの実績、要求の規模を確保する対外的な意義などについて、ていねいに説明をしていきます。

- そもそも必要性があるのか。行政がやるべき事業なのか。過剰サービスではないのか。民間の仕事ではないか。

  ⇒官民の役割は、時代や地域によって変わるものです。たとえば、民間企業は利潤を追求しますが、最近は公益活動を行うことも多く、また、今後は、ソーシャルビジネスなども拡大していきます。当面、行政が先導して事業展開する必要があるとの認識を説明しますが、民間が自律的に動き出すまでの環境整備や"つなぎ"という性格を持つことも付け加えてもよいでしょう。さらに、民間における関連の取り組みなどがあれば、適切な連携を行っていくことなどを補足します。

- 国、（県）の仕事ではないのか。

  ⇒国、（県）の肩代わりの事業を基礎自治体がやるべきではありませんが、地元にとって真に必要で他の機関が行っていないものは、先行的に行うケースもあるでしょう。財政負担の程度にもよりますが、まずは、当該自治体で展開をして、並行して他の行政機関との協議や制度化の要望を進めていくことも、十分有り得るものです。

- 将来、大きな財政負担になるのではないか。

  ⇒後年度負担を含めて事業の在り方を問われることは当然です。サンセット方式ではなくとも、将来の廃止や縮小についてのイメージを持つことはあってもよいでしょう。単価や数量のベースとなる項目を適宜見直していったり、民間団体、市民への支援や協働の環境整備を進めていくことも考えられます。

- なぜ、○○だけを対象として実施しようとするのか。公平性が

保てるのか。

⇒最近は、公民連携が拡大して、民間企業との連携協定なども増え、このような指摘は減少してきていますが、なお、公私を厳格に分けることが行政の使命と考えるような職員などから指摘されるようです。

公平性とは、「関係する社会の構成員又は社会の間で偏りがない」ことです。特定の民間企業だけに理由もなく優遇措置を行うのは問題ですが、何らかの基準を持って、これに適合すれば、どの企業でも OK であったり、研究能力や IT など企業の特別の事情に着目して試行的に展開することも可能でしょう。手続きの透明性確保をしっかりと行えばよいのです。

なお、公平性を追求するあまり、何もしない横並び悪平等になることあってはならないでしょう。

・ どこもやっていない（もう少し待った方がよいのではないか）。

⇒極めて先駆的な事業か、個別のニーズに着目した事業、必要性が広く認知されてない事業などについて、このような指摘がなされることがあります。

首長が、国内一番を目指す、といった類の事業であれば、問題はないでしょうが、財政の職員がリスク重視のスタンスをとることは珍しくありません。特に、慎重な首長の自治体や規模が大きい自治体の財政当局は、このような傾向が強いでしょう。

しかし、国内初などの事業は注目が集まり、先行者利益のように、効果的なシティプロモーションになったり、実際、視察が相次ぎ地元経済への貢献といったことも起こり得ます。また、モデル事業として特別に低予算で行うことができる場合もあります。

このようなメリットを主張することに加えて、予算編成前からあらゆる機会をとらえて、必要性などについて、議会の質

疑も含めて、庁内で議論しておくことが望まれます。新聞報道、国の審議会でこのような議論がなされているなど、一つでも多く客観的な補強材料を用意しておきましょう。

- **優先順位を考えてもってきてくれ。**

    ⇒結局、すべての要求を予算化することは限られた財源の観点から困難であり、復活要求などで、事業課の中で順番を決めて、後順位の事業を先送りする整理が行われることがあります。財源論の前では通常やらざるを得ず、実施をあくまで望むのならば、後順位の事業を必要最小限の規模に見直す、といった事業再構築をすることも考えられます。

- **総合計画に載っていないので、計画化されてから要求するべき。**

    ⇒計画策定時からの社会経済状況が変化し、新しい課題に対応した事業を緊急的に行うことはあり得ることであり、最近は、特にその傾向が強まっていると言えます。また、要求事業について、個別の事業としては、載っていないが、計画事業を補完、強化する役割を担える、といった説明をすることが可能な場合もあるでしょう。計画の登載は、時期的にすぐには難しいが、予算化後に、実施計画に追加をすることを働きかけたい、という説明もできるでしょう。

- **これまでの実績をみると、要求額が過大ではないか。**

    ⇒過去からの連続性でみるとこのような指摘はあり得ます。いかに、状況やニーズが変化したのかなどについて説明することが求められます。また、給付やサービスであり、利用者が増えているような場合、そのサービス水準が適切なのか、受益者負担についても考える余地はあるのかもしれません。

    さらに、何らかの制度変更を予定しているのであれば、その理由と効果を明確に説明する必要があります。

- **モデル事業というなら、その成果を生かす見通しはあるのか。**

⇒本格事業に至るプロセスの具体的なイメージを描きます。そのためにも、事前に関係機関などとの調整を行っておく必要があります。また、モデル事業の強みであるニーズの把握や効果、手法などの改善点を確認できることをあらためて強調することも有効でしょう。

・ 要求している調査費は必要なのか。

⇒この指摘に反駁するのはそれほど簡単ではありません。何故なら、調査は義務ではなく、必ず行わなければならないとは言い切れないからです。また、調査をするにしても経費をかけないか少額でやってくれ、ネット上の情報で十分ではないかという指摘も出てきます。しかし、事案にもよりますが、インタビューなども含めて調査による具体的なニーズ把握が事業構築に不可欠であり、自前調査ではどうしても片手間になって、時間もかかり、時機を逸することにもなります。専門機関などによる調査が必要であることを、多角的な観点から説明できるようにしましょう。

・ 調査項目は調査の目的を達成するために必要十分な数となっているか。

⇒複数先から見積もりを徴して、その最低額を基本に設計しているとして、これ以上減らすと調査の趣旨が損なわれる最小限の項目はあるかもしれませんが、実際は金額との見合いになります。項目数を少し絞ったとしても経費はほぼ変わらないこと、要求どおりの項目数を確保することによって、クロス分析などが可能となって、他の事業などにも有益な情報を提供できる、といった有用な調査になることを説明していきましょう。

・ 新年度当初予算に計上しないで、補正予算で対応することでもよいのではないか。

⇒当初でなく補正予算にまわされても、時期的に間に合うので

あれば、また、補正の理由がつくのであれば、それほど問題ではないでしょう。どうしても当初予算を狙うのなら、注目される当初予算において政策としてアピールできることを強調するか、事業対象者、関係者との関係で、年度当初から事業の準備、実施することが必要なことを説明できるようにしましょう。

- | 新たな財源確保がなければ新規事業を認めることはできない。 |

⇒財政状況が厳しくなってくると、財源主導での予算化判断が強くなってきます。国の重要施策であれば、デジタル田園都市国家構想に関する交付金事業などで、様々な事業が対象となり得ます。しかし、該当するメニューがない場合もあるでしょう。要求事業にもよりますが、全国的な課題に係わるようなものであれば、自治体がメンバーの○○長会などを通して、対象事業の拡大を県や国に働きかけることも一つの方向になります。この他、ふるさと納税収入の充当や自治体クラウドファンディングという方法も検討できるでしょう。

なお、一般財源のみの事業は他に様々にある訳ですから、要は、全体の優先準備の問題ととらまえ、事業の必要性や効果を理解してもらうための様々な工夫をしていくことも大事です。

財政課の指摘の中には、事業課の本気度、切迫度をみている部分もあるのです。「要求なくして査定なし」とは財政関係者の間で人口に膾炙した言葉です。文字通りの意味に加えて、要求する側が本気で予算化をしたいと思っているかどうかを問う言葉です。少なくとも担当者同士でのやり取りにおいては、臆せずに主張するべきことは主張することです。担当者の査定のあとは、より様々な要素を勘案できるようなステージに移っていきます。

□財政劇場

　予算の建前と現実について、少し誇張的なニュアンスもありますが、わかりやすくまとめてみました。なお、実際は、この中間的な状況もみられます。

予算の建前と現実

● 予算査定は、純粋に合理的に行われている
（時間切れ、粘り勝ち、○○の声などがある）

● 予算は厳密な政策論議をして決定される。
（直近の報道に大きな影響を受ける。議員応援団、マスコミ活用、世論誘導などもありえる）

● 厳しい財政状況なので、1円たりとも無駄な予算は計上されない
（枠にはまればOKだし、そこまで精査する時間なし。当初から不用も予測できる場合あり。そもそも冗費のない予算は、年度途中の補正の嵐になってしまう。また、事業内容は詰まっていないものの、金額の規模や対外的なアピールのために要求することも）

● 直営から民間委託に切り替える予算化が認められれば、すぐに執行できる
（委託が職員削減を求めることになれば組合と交渉が先決）

● 厳しいシーリングが掛けられ、毎年削減（例▲10%）されるので事業費は確実に減っていく
（公共事業費は減っているが、他は、別枠の新規事業等によって、相当カバーされている）

● 毎年多額の財源不足がある（ので早晩財政健全化団体になる）

（あくまでも何もしなかったらの事前の厳しめの推計である
る）

● 事業部局は、厳選された最低限の予算しか要求しない
（要求は、その事業が必要だとする姿勢を見せることが目
的の場合もある）

● 予算の執行では、できるだけ節約して、不用額として残す
ことが正しい
（残せば、何故、当該施策のために使わないのだ、と議会
などから追及される）

第8章

事務事業の見直し

見直しの方向

（1）見直しの背景

　行革セクションからの個別の指摘や主に経常的経費を対象とした
シーリングによって事業の見直しが求められていますが、徐々に、
その余地は狭まっているようです。

　また、過疎化や少子高齢化が押し寄せる一方、事業の見直し以上
のスピードで国家財政の悪化や地域経済の疲弊などから歳入の減少
の懸念があります。

　すなわち、大きな環境的、構造的要因のもとで、見直しについて
は、今後も継続、促進していかなければならないということです。

　このように考えますと、そもそも行政改革と政策の立案、執行を
進めることは、一体でなければならないのに、別々の手法で進めら
れていることが多いのが問題と言えそうです。

　法に根拠のあるような事業については廃止は難しいですが、国庫
補助金も入っていない単独事業がターゲットになりやすいことは否
定できません。同じ見直しに係る労力であれば、事業費分の一般財
源が捻出できます。

　事業課の立場からは、自治体独自で行っているのは、他に制度が
ないからであり、地方分権、自律的経営の発露である、といった気
持ちになるでしょう。

　しかし、財政課の予算編成を進めていく立場からは、一般財源を
どう捻出するかの問題であり、何らかの対策は毎年講じていかなけ

ればなりません。

　実は、法定受託事務以外の自治事務について、法的な観点だけからは、義務的なものはほとんどないと言ってよいでしょう。一方、財源が限られていることは事実なので、当然、相対的な優先順位が低いものは見直しをしていかなければなりません。

　このように、政策の優先度が高くなく、成果の見込みが大きくない事務事業が、見直し対象ということになります。ただし、このような事務事業には、長年の経緯経過があって、受益者やそれを期待している住民・企業などが存在しており、容易に廃止できないか、または、そのための見直しコストが大きいものが少なくないのが現実です。一担当者として孤軍奮闘するのではなく、組織として進める体制を作ったり、全庁的な見直し運動などによって機運を醸成していくことが求められます。そして、事業を見直すこと自体が、総体として、政策を前へ進める一環といった認識を持って、具体的なところに取り組んでいけるかが大きなポイントになるでしょう。

（2）見直しの考え方

　どの自治体においても、見直しについては、「言うは易く行うは難し」という事業課の苦労があると思われます。なぜなら、現在の事業及びその金額は、色々な見直しをしてきた結果でもあるものだからです。

　事業の見直しについては、まず、時間の経過のモノサシではかることが考えられます。古くは、北海道の事業評価である「時のアセスメント」が知られており、事業そのものの役割を終えたり、前提となる環境の変化がある場合などに有効となります。たとえば、10年又は20年経過した事業は、見直しの俎上にのせる、といったことが考えられます。

　また、民間委託など民間の活力を生かす視点は重要であり、共助、

自助を広げていく環境づくりを進めていくことになります。

　次に、予算編成の中において、最も一般的に行われている方法を示します。

① スクラップアンドビルド

　民間企業では、不採算部門を整理して、新たな部門を設けることや、陳腐化した設備を廃棄して、新たな設備を導入することをスクラップアンドビルドと言います。行政では、新しい事業を起こす場合には、別の事業の廃止などの見直しをすることと、理解されています。限られた財源の中で、新しい課題に対応するための有効な手法の一つです。

　見直しをする場合は、事業の必要性の低さなど、客観的には説明できるとしても、関係者からは、行政のスタンスを厳しく問う場合もあり得ます。地域の課題は、横断的なものとなってきており、事業の再構築によって、トータルとして、地域のニーズをカバーする方向が求められています。

　一つの事業を廃止、大幅な見直しするためには、より高次から事業をみる視点とゆるぎない信念、そして、住民などへのていねいな説明などが必要と言えるでしょう。

② サンセット方式

　新たな補助金や新規事業が予算化される条件として、3年間などと期限を切り、その時点で検証して改めて検討するという方式です。一度始めたら既得権として続くのではなく、終期の到来時に、原則打ち切りとなる、という考え方は合理的です。

　この方式では、行政が最初は手がけるが、民間や地域の力が醸成されるまで、ということであり、これらを育成支援していくような環境づくりも求められるでしょう。

③ ペイアズユーゴーの原則

　財源を確保するためのルールと言われています。新規事業や既存事業の拡充、さらには事業費の増額を行う場合はそのために必要な財源は、既存事業の見直しや休止、スケジュールの先送りによる財源の平準化などによって確保しようとするものです。これもスクラップアンドビルドと同様の課題が想起されます。これから力を入れていくべき事業の分野では、全体として追加財源が必要であり、その分野で見直しによって財源を確保することは相対的に困難なことが多いのではないでしょうか。よって、他（課）の分野から財源をみつけてきて、新たに必要な事業に充当する、といったこの原則の適用の範囲をできるだけ広くとらえることが求められます。

　「新規事業や既存事業を拡充する場合は、その財源は同じ目的をもって実施している既存事業の廃止や休止など、事業の新陳代謝を進めることで捻出することを基本としてください。」（横浜市令和5年度予算編成における歳出改革基本方針より）

　いずれにしても、見直しにあたっては、議会審議、対外的な公表時期など様々な観点を考えていかなければなりませんが、見直しの影響を一番受けることになる住民や関係団体などへの対応は慎重を期す必要があります。ケースによっても異なりますが、できるだけ早期に情報提供や説明等をする必要があります。

　また、担当者など実務レベルだけで動くと思わぬところから、"空中戦"を仕掛けられることもあり、準備は周到にすることが求められます。この場合、協議などによって修正できる余地があったり、廃止をするにしても、段階的に行う手法も残しておくなど、ぎりぎりの攻防戦の備えも時には必要となります。

　基本方針を固めることができれば、相手によって、色々な対応も可能となってきます。

（3）どうしても見直しができない！

　対象とされた事業であるが、どうしても廃止などの見直しが難しい、というケースもあるかもしれません。その場合でも、単にできません、では、仕事になりませんので、少なくとも見直す方向の糸口とスケジュール観を示すことが求められます。

　例えば、関係機関との協議を定期的に開催、アンケートやヒアリングの実施、事業手法などの検討、事業の方向性を固める。最後の段階では、何からの代替案を提示することも必要になりますが、これらのスケジュールを示して、理解してもらう努力をしましょう。

（4）減額の予算要求

　事業課長の仕事の評価の一つとして、予算の獲得があると言われているようですが、財政悪化と財政の硬直化が叫ばれる現状では、「予算や事業を自ら見直し、減額する」ということも、もっと積極的に評価されてもよいのではないでしょうか。

　中途半端な予算額となっている事業では、かなりの労力を費やして執行できるといったものになりやすく、また、十分な効果を期待できるものになりません。このような事業を見直し、それによって生み出した財源を他の事業に振り向け、限られた職員を疲弊させないような、課長の「マネジメント力」「行政改革寄与度」を評価する取り組みがもっと拡大して良いはずです。庁内で顕彰するムードづくりなども有効でしょう。

　自治体では人件費と間接費のコスト意識がなお薄いままですが、事業を維持するためには予算・決算対応、議会対応、行政評価業務など、多くの間接費を生み出しているのです。たとえ予算額が少ない事業であっても、その事業を廃止することで間接費（換言すれば職員の負担）を縮小できる可能性が高まります。

　また、見直しによって低コストで運営できるノウハウが見つけら

れれば、自体体内部に横展開できる可能性があります[1]。

　なお、定数、予算共に削っても事業だけが残ってしまうことには注意が必要です。この場合、事業費ゼロで職員がオーバーワーク的に対応するようになります。自治体によっては、予算額がない事業を「予算 0（ゼロ）事業」と喧伝する場合が見受けられますが、これは人件費の概念が乏しい残念な整理と言わざるを得ません。実際には給与単価が低くない公務員の人件費が投入されるため実質的にはコスト高となる事も少なくなく、特にオーバーワークは、よりコストの高い時間外手当も発生させることになります。

　これからは、組織全体として「事業の廃止」「予算の減額」を積極的に「褒める」ような組織風土の醸成が望まれます。もちろんこれは職員の自発的な取り組みに期待されますが、首長のリーダーシップや率先垂範こそがもっとも大きな推進力となるでしょう。

　なお、職員は 3 ～ 4 年程度のローテーションで人事異動となります。従って苦労して担当する事業の廃止にこぎ着けても、また別部署に異動してしまい、事業を廃止した事による業務軽減のメリットなどを直接的には享受することが出来ないことになります。このようなこともあって「自分が頑張らずとも、後任に任せればよいか」ということになり、事業見直しの主体的な動きが鈍くなる背景もあるようです。見直しのプロセスをきちんと評価するなど、人事評価も行政経営マネジメントの一環としてしっかりと機能を発揮することが求められます。

（5）庁内の連携

　既存の業務の問題意識は、一担当者の気づきから始まるとしても、業務の変革については、広く庁内全体にも関わり、例規などの改正を要することも出てきますので、プロジェクトの組成など含めて、関係部署と議論を進めていく必要があります。

具体的な見直し

（1）事務事業の見直し

　事業の見直しについては、常に、問題意識を持っていることが大切です。コロナ禍の経験から、対面式の研修を動画視聴に変えて事業費を見直した例もあります。

　図表8-1は、ある市の見直し項目の抜粋（一部加筆修正）です。駐車場や弔電、職員表彰などは、庶務関係の職員にとっては、極めて身近な業務となります。それまでのやり方をただ踏襲するのではなく、本当に必要なことなのか、新たに収入をあげる方法はないのか、などの問いを繰り返すことができれば、見直しすべき項目は見つかってくるはずです。

図表8-1　事務事業の見直し項目（例）

事業名	見直し内容
駐車場の土日開放廃止	土日開放を廃止し、イベントスペースとして活用するとともに利用料金徴収　想定賃料（公園使用料並び）　60円（1日）×2,000㎡×10回＝1,200千円　管理費の減　4,400千円
弔電、弔花の見直し	100歳以上死亡者廃止　60千円
職員表彰の見直し	交通カード贈呈の廃止　3,000千円

また、事務経費の見直しであれば、各課のパソコンを一括発注するなど、部局横断的な契約をすることによって、コストを抑制することができます。

　なお、何か既存の制度などの見直しをはかろうとすると、時期尚早、行政サービスとして定着している、他都市でも行っている、といった声が出ることがあります。財政部局からは、見直しの後押しはあるでしょうが、実際に見直しを議会や関係団体に説明するのは、事業課です。見直しが理解される、少なくとも反対はなしないという程度まで、関係団体や住民との共通認識や信頼関係を築くことが大切となります。

　自治体の最近の事例は**図表8-2**にあげました。

図表8-2　札幌市令和5年度見直し総括表（全額一般財源ベース）（一部抜粋）

（単位：百万円）

局	局枠減算額 A	見直し加算額 B	財政効果額 A-B	主な見直し内容
危機管理局	▲ 8	2	▲ 6	○防災教育用教材のデジタル化による印刷費の減、要配慮者二次避難所運営研修の実施方法見直しに伴う委託費の減等
総務局	▲ 18	13	▲ 5	○業務効率化による時間外勤務手当の縮減、オンライン化やペーパーレスなどデジタル化による業務効率化等
デジタル戦略推進局	▲ 19	3	▲ 16	○オンライン会議の活用による東京出張の回数減 ○プラットフォームのダッシュボードに人流データを掲出する作業を自動化したことに伴う事業費の減
まちづくり政策局	▲ 83	6	▲ 76	○業務の効率化による時間外の減、電子化等による印刷費の縮減、オンラインを活用した出張旅費の縮減 ○一部直営化による委託費の減
財政局	▲ 23	8	▲ 15	○行政事務センター活用による委託費の減、オンラインを活用した出張旅費の縮減等
市民文化局	▲ 198	10	▲ 188	○電子化等による印刷費の縮減、オンラインを活用した出張旅費の縮減 ○札幌市ワークライフバランスplus企業認証制度の広報手法変更による広報費の見直しなど
スポーツ局	▲ 96	6	▲ 90	○パソコンの更新台数の見直しによる備品購入費等の減等 ○障がい者スポーツ体験イベントの開催方法の見直しによる委託費の減等 ○姉妹都市交流事業の在り方の見直しによる委託費等の減
保健福祉局	▲ 190	14	▲ 176	○単純事務の集約化による職員手当の減、周知チラシ発行部数精査による事務費の減等 ○啓発資料を紙媒体からWeb媒体に見直すことによる減、老人クラブ数の減少に伴う補助金額の減等 ○災害見舞金制度の廃止
子ども未来局	▲ 242	89	▲ 153	○業務効率化による時間外勤務手当の縮減、パンフレットの廃止による事業費の縮減など ○認定こども園の整備量を減らすことによる事業費の縮減 ○既存の若者の出会いのためのイベント終了などによる事業費の縮減

出典：札幌市HP

予算は、単年度であり、関係業務も単年度勝負というような認識になりがちですが、実は、それまでの長い取り組みの結果が、ある年度の予算に反映されるということであり、事業の見直しについても、長期的視点を持って取り組む必要があります。

（2）公共施設の見直し

　施設の見直しにあたって大変有効となるのは、施設機能の因数分解という考え方です。

　公共施設は、ハードであるその施設自体が目的ではなく、それによって生み出される公共サービスの提供に価値があります。したがって、同じ公共サービスの提供が可能であれば、別に施設が存在する必要性は低いということになります。そこで、現在提供している公共サービスを、「因数分解」して、共通因数（＝共通のサービス＝機能）を括り出してみると、類似のサービスが異なる目的の施設において同じように提供されている、又は提供可能なことがわかり、これを踏まえて施設の複合化・多機能化を進めることができます。

　図表 8-3 は、図書館と公民館、集会所の機能を抽出したものであり（最近はこれにカフェの機能が求められています）、目的が異なるとされる施設間でも、同様のサービスをかなりの程度提供することが可能なことがわかります。

　すなわち、機能については、固定的に考えるのではなく、特に「汎用施設」においては公共空間を活用して、様々な機能を担えることも少なくないのです。

図表 8-3　公共施設機能の因数分解（例）

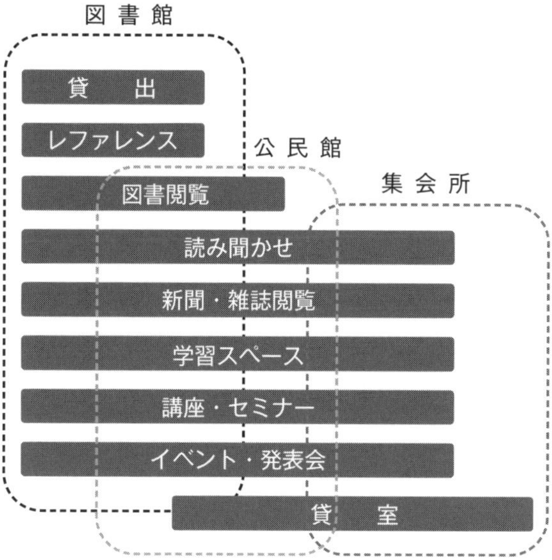

これと同じ方向の考え方として、サービス化があります。これは、新規に施設整備（資産の形成）をするのではなく、サービスの購入（民間が提供するサービスの購入）によって必要なものを充足しようとするものです。例えば、図書館を建物で考えるのではなく機能としてとらえると、デジタル図書館と移動図書館でかなりの部分は対応できそうです。また、学校給食センターを公共で整備するのではなく、民設民営にして、そこから児童の給食が購入される一方、空いている時間帯では、民間ビジネスに活用することができます。

　また、サービス・機能を広くとらえて、施設のサービス利用のためのアクセスも重要な視点となります。人的な移動や IT を活用した利用形態なども勘案した公共施設の適正配置が求められます。特に、ウィズ / ポストコロナ社会においては、住民の集まりや施設の利用形態についても、これまでと違った発想が求められます。

注

1　これらの取り組みは福岡市がスタートさせ尼崎市など全国に普及した
　「DNA 運動」などが好例。

第9章

事業の構築

ロジックモデル

●ロジックモデルの活用

　政策とは、公共的な課題を解決するための手段や方策です。しかし、実際に事業がどこまでその成果を上げているのがわかりずらいことが少なくありません。行政評価も行われていますが、基本は、事業単位で、施策、政策評価も一部ではみられますが、その中での事業の貢献度合いなどは明確ではありません。

　時代は、ますます複雑化・高度化しており、行政の事業が何に作用して、どのような成果が得られているのか、重要なポイントになります。新たな命題に対応する事業を構築する場合は、予算化によって可能となる活動からつなげて、成果まで、説得力ある説明が望まれます。そこで、活用できるのが、ロジックモデルです。

　ロジックモデルとは、資源の「投入」から「活動」や「産出」、そして「直接成果」「中間成果」「最終成果」に至るまでの因果関係、すなわち、政策の目的とその実現手段との間の論理的関係をフローチャートや体系図などで視覚的に描いたものです。これによって、新たな事業（活動）が、関連する活動とあわせて、目標とする成果にどれだけ貢献するかをみることができます。このとおりに当てはまらない場合もありますが、このような思考回路を働かせることが、新規事業の構想や事業の検証には大切なのです。

　図表9-1は、駅前の放置自転車対策の施策のロジックモデルの例です[1]。

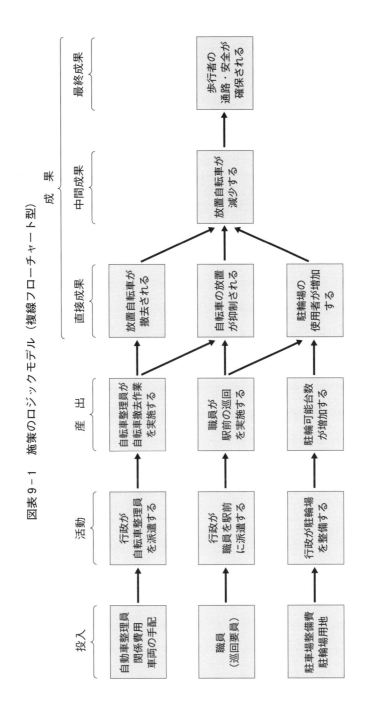

図表 9 - 1　施策のロジックモデル（複線フローチャート型）

投入	活動	産　出	直接成果	中間成果	最終成果

成　果

自動車整理員
関係費用
車両の手配

→ 行政が
自転車整理員
を派遣する

→ 自転車整理員が
自転車撤去作業
を実施する

→ 放置自転車が
撤去される

→ 放置自転車が
減少する

→ 歩行者の
通路・安全が
確保される

職員
（巡回要員）

→ 行政が
職員を駅前
に派遣する

→ 職員が
駅前の巡回
を実施する

→ 自転車の放置
が抑制される

駐車場整備費
駐輪場用地

→ 行政が駐輪場
を整備する

→ 駐輪可能台数
が増加する

→ 駐輪場の
使用者が増加
する

自転車整理員、職員（巡回要員）、駐車場整備が、それぞれの活
動の内容とアウトプットが示され、それが、成果の中間成果として、
放置自転車が減少する、そして最終成果として、歩行者の通路・安
全が確保される、とった流れがわかりやすく示されています。

事業のデザイン

（1）事業の成果

　予算といえば、金額の多寡が注目されますが、成果を出せるか否かは、その執行にかかっています。

　例えば、予算金額と予定内容が同一だとしても、最終的な成果が事業担当者や組織のマネジメントによって、異なることも少なくありません。財政課は、財源が限られているとして、入口、すなわち予算金額については細部にわたってチェックしますが、出口すなわち執行のあり方は、予算の総額、内訳に変更がなければ、事業課にまかせる、ということが基本になります。事業の執行責任は、事業課にあるということです。

（2）事業のデザイン

　事業の成果ついては、料理と似ている側面があります。プロのシェフと素人で同じ食材を使って、同じ料理を作ったとしても、出来上がる料理は、大きな差が出るのは当たり前です。当然、包丁の使い方、火の入れ方、焼き方など、素材を生かす腕がなければ、いくら高級な食材を使っても、おいしい料理は作れないでしょう。

　事業においては、レシピの材料集めとコスト精査に時間をかけてようにみえますが、同時に実際の調理も重要なことを押さえておかなければなりません。逆に、安い食材でも、目利きが選べば、美味しい料理ができるかもしれません。換言すれば、「事業のデザイ

ン」が大切ということです。デザインとは、その事業の描き方であり、そこに登場する「役者」やその行動の枠組みをみせるものです。すなわち、その事業をどう発意して、関係者をどう巻き込み、どのように展開していくか、それによって、事業が生み出す価値は大きく異なってくるのです。

図表9-2　事業のデザイン

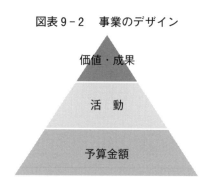

したがって、新規事業の創出を予定している場合、事前に議論できるベースの資料を作成して、それをもとに、練っていくことも有効な方法です。**図表9-3**は、筆者が自治体に在籍した当時に作成した予算要求の前段階である「たたき台資料」です。

「さとらんど」は、都市型農業体験交流施設であり、運営は指定管理者。ここが核となって、農業振興と観光のコラボレーションを目指した札幌型の「アグリツーリスム」を構想したものです。施設の価値を最大化することによって、食農体験の拡大など、都市型の新規のまちおこしを狙ったものです。

アグリツーリズム（食と農体験型）

- さとらんどを札幌北部の食と農体験が楽しめる
  域外需要も取り込めるようソフト面を中心に
  リニューアル
- 丘珠空港の需要開拓にも貢献　モエレ沼公園
  との連携
- さとらんど20周年（平成27年7月）も考慮
- 海外観光客（アジア富裕層）も想定
- みる（景観）　桜並木、園内ICT、SLバス（トマト号）更新、園内に札幌市ゆ
  かりの彫刻家に作品、パフォーマンス（大道芸）
- 体験する　収穫体験　エブリデイクッキングスタジオ、グランプリパティシエ
  によるスイーツ教室　札幌野菜を使った和食講座
- 食べる　地産地消レストラン、スイーツコーナー、ハーベストランドやとれた
  てっこ野菜のジュースバー
- 学ぶ　さとらんどアグリ教室、さとらんどアドベンチャー教室。BBQ講座
  オニオンセンター設置（札幌黄を中心とした品種の説明、レシピなど総合
  博物館）　新渡戸稲造資料コーナー、エネルギー教育拠点化（メガワット
  ソーラーとの連動）
- 買う　さとキッチン　さとらんど朝市、さとらんど夕市

1

　このような資料をベースに関係者が議論することが、新規事業の議論の出発点にもなります。

（3）日頃からの関係づくり

　新規事業を立ち上げたが、実際にサービス対象者や応募者が予定の人数に満たない、といった事態が起きることがあります。要求時点における見通しと実際に顕在化した住民のニーズや要望に乖離があったということになります。施策の方向性自体は、間違っていなかったとしても、住民が実際に行動に移すかどうかなどはもうワンクッション必要となる場合が多いのです。そのためには、構想段階で、可能な範囲で当事者をはじめ関係者などに、事業の素案や情報提供を行い、事業化後の感触を把握しておくことが有効です。今は、公民連携分野の事業では、サウンディング調査といって、企業の参入意欲や事業の課題や要望を調査する手法が広がっていますが、こ

の住民・団体版として考えることができます。

政策を実現するサイクルを回すためには、関係団体などと良きパートナーシップや相互の信頼関係構築が大切です。

（4）目的を見据える

予算による事業の成果は、その金額の多寡もさることながら、これに関わる人材や組織が持つ力といったものに左右されます。

ある自治体で、その補助金について、進出後何年かで企業が撤退することで問題となったことがあります。撤退時の補助金返還ルールがなかったためでした。

工業団地等を造成したものの、塩漬け用地になっている場合、高水準の企業誘致補助金は有効な施策にみえます。しかし、進出した企業が、やがて、採算性によって撤退することも企業行動としては珍しくありません。

予算編成の現場では、助成金の規模や年数、条件などが、議論になり、他団体との比較において、その規模や助成率が大きいことは有利になります。しかし、リスクも含めてロングスパンで見ると、重要なことは、自治体の調整能力や体制、都市機能が企業にとってどれだけメリットがあるのか、また、誘致担当者がいかに熱意を持って、かつ、企業の立場を理解し、話ができるのか。すなわち、行政が人的関係も含めて、継続的にバックアップできるような環境づくりができているかポイントなのです。例えば、営業のための旅費等の確保や、営業能力のある職員の育成（又は登用）することも併せて重要となります。

また、全国各地の中山間地や小規模自治体で活躍している地域おこし協力隊の事例から考えてみましょう。

これは過疎地域などの自治体に、まちおこしを協力する人材について最長３年間雇用できる特別交付税が措置される事業ですが、こ

の事業では、候補者の活動実績や意識、受け入れ側の環境や考え方、また、期限終了後に地元に残る道が開けるかが大切なポイントになります。協力隊員の活動の成果は、行政の継続的なバックアップも必要になるのです。

官民の役割と協働

（1）官民の役割

　行財政改革において、官民の役割分担、行政の守備範囲がよく
テーマになりますが、実は、これは一義的に決まるものではありま
せん。公共サービスをだれが担うべきかは、時代やその地域の状況
によって変わってきます。例えば、小泉内閣の時代では構造改革路
線で、「民に出来ることは民へ」と郵政事業をはじめ、小さな政府
に向けて大きく舵を切りました。

　自治体の財政状況はますます厳しくなってきています。限られた
経営資源によって最大限の効果を得るためには、民間企業のノウハ
ウは欠かせません。民間企業が営利を追求することは当然ですが、
社会的責任、社会の公器として、社会的貢献や公共サービスを担う
方向にも進んでいます。

　外部委託方式は、地域のリソースを積極的かつ有効に活用するも
のであり、行政サービスを効果的に提供できる手法となります。

　また、住民又は地域の様々な団体の公益活動も増加してきており、
これらを含めた公共サービスの総量によって、まちづくりの推進力、
地域力が左右されるのです。

（2）様々な事例

　最近、注目される手法の一つとして、企業と行政の特定分野、事
業におけるマッチングシステムがあります。

岩手県の公共サービス・マッチングシステム[2]は、民間企業が地域貢献活動について、県と連携して取組を実施しようとする場合、相談・提案をする制度であり、県では、企業との連携を目指す下記の分野の事業情報をあらかじめメニューとして提示しています。

　地域安全アドバイザー派遣、犯罪被害者等を支える社会づくりの推進、公共交通利用推進事業、食育の推進（普及啓発）、食の安全安心に関するリスクコミュニケーション、男女共同参画推進事業、災害時の生活物資の確保　など

　これによって、効率的かつ効果的な公共サービスの提供を実現するとともに、企業の地域貢献の拡大及び地域活動の活性化による県民サービスの質の向上を図ることを目指しています。また、県では、コンビニ大手と、災害時の支援や地域の安全・安心の確保に関する事業等に連携して取組むこととし、各事業の実施に関する包括協定を締結しています。

　茅ヶ崎市では、生活困窮者に規格外食品や日用品提供を NPO 法人と連携し、実施しました。

　主に企業から同法人に寄付された消費期限が近いものなど市場に流通できない食料品や日用品を、市を通じて生活困窮者に提供。相談を受けた市が当事者や関係者に聞き取りし、必要性を確認した後、同法人に物資の提供を依頼、利用者が市役所の窓口で物資を受け取る仕組みです。

　大津市では、駐車場シェアリングサービス会社と駐車場不足解消のための連携協定を締結。市内の観光地等での課題であった駐車場不足の解消、周辺の交通渋滞の緩和、迷惑駐車の防止の解決を推進することが目的です。会社が、駐車場を開拓し、市は、チラシやHP、イベント等で市民に同社を紹介します。

神戸市では、「アーバンイノベーション神戸」事業として、スタートアップと行政職員が協働する新たな地域課題解決プロジェクトを実施。テクノロジーを有する民間企業・団体と職員が協働し、社会課題の解決策を発見、４ヶ月の実証実験を実施。また、結果に応じ神戸市が調達を行います。例えば、教職員の交通費の計算などをエクセルで毎月検算をしていたものを、RPA（ロボティックス・プロセス・オートメーション）で点検するなど給与システムを再構築して大幅な省力化を実現させました。

　高度な情報化社会、デジタル時代を迎え、行政が提供するサービスだけが価値の全体とは言えないことが増え、住民や関係機関と価値を共創する機会を増やすことが求められてきています。

　ウィズ／ポストコロナ時代は、過度に依存する形で実現するのではなく、さまざまなツールを用いた新しいつながり方、そこからのイノベーションを生みだしていくのです。

　行政、大学、企業が共創力を発揮する例をあげます[3]。

　現在、早産、低出生体重児や子どものアレルギー、肥満などが増加しています。ある都市の妊産婦の便・血液、臍帯血、母乳と、乳幼児の便等を試料（ビッグデータ）として、母から子への影響を網羅解析し、低出生体重児を予測。この母子健康調査の知見に基づき、行政と乳業メーカーが一体となり、個人に最適な食を届けるとともに、デジタルでケアを行います。妊産婦と医療機関を診療機器とビデオ会話で結び、自宅での出産準備を可能とし、妊産婦、医療者の感染リスクを低減。低出生体重児の割合を減少させました。

　このように、行政単独では難しいことでも、それぞれの機関のコンピテンスを持ち寄って共創力を発揮することにより、大きな研究成果を上げた事例となっています。

（3）近隣自治体との連携

　地域経済の低迷や限られてくる財源を踏まえ、効果的な政策を実行する観点からは、個々の市町村の範囲を超えた広域的な連携が有効と考えられます。

　現在の連携中枢都市圏では、圏域の範囲が決められていますが、サービスの内容ごとに連携の範囲を変えていくこともあるでしょう。

　対象としては、近年増加している空き家や空き店舗などの有効活用なども対象に考えられますが、特に、多額の投資が必要な公共施設の利用については、有効と考えられます。

　公共施設を単独で整備するのではなく、広域で機能分担し、住民が広く利用することができれば、各自治体の財政負担を抑制することができます。また、既存施設の維持管理を包括で委託することも有効です。小規模自治体では、施設数が限られており、近隣自治体との施設と併せて、保守点検と小規模修繕の契約を一本化して、包括管理施設の規模と事業費を確保することができれば、効果的な取り組みになります。

47

新たな手法

(1) DX（デジタルトランスフォーメーション）

　地方創生の実現には、地域の情報化が鍵を握ります。また、コロナ対策の給付金でデジタル化の遅れが顕在化しました。現在、デジタル田園都市国家構想のもと、各自治体では、自治体DX計画を策定した上で、DXが進められています。北見市では、「書かないワンストップ窓口」[4]として、職員が住民データを使用して必要な手続きの申請書を作成して、住民はその確認と署名等のみというサービスを実現させました。このようにDXでは、住民サービスの向上が大きな柱であり、住民の時間コストを削減するという評価ができます。

　住民サービス向上については、既存のツールを有効に活用することによって、実現している例もあります。

　例えば、スマートフォンによって自治体の公式LINEアカウントから簡単に行政情報を閲覧できることから、多くの自治体が行政情報のプラットホームとして活用しています。また、LINEのセグメント機能によって、住民に合わせた情報発信が出来るほか、災害時の情報提供サービスや相談などの申込みサービスなど行うことができます。さらに、住民が道路の損傷内容や写真を連絡できる通報システムも可能となります。役場内および住民と情報が共有され、問題解決に動く協働事例と言えます。

（2）ナッジ

　ナッジとは、人々が自分自身にとってより良い選択を自発的に取れるように手助けする政策手法です[6]。ある目的を達成するにあたって、新たに予算化したり、強制力をもって行うのではなく、人間行動学などの観点から、文言やデザインやレイアウトなどを工夫することによって、所定の目的に向けて、そっと後押しするように人々を誘導することを指すものであり、近年、注目されています。

　具体例としては、八王子市の、大腸がん検診受診行動促進プロジェクトで、案内書に、受診すると、来年度検査キットを送る、という表記に対して、受診しないと、来年度キットが送れません、という表記の方が、受診率が7％以上上昇した[5]、といいます。

　また、北海道庁内にあるコンビニにおいて、レジ袋は「必要な場合」だけに申告カードを提示することにした（レジ袋辞退をデフォルト化）ところ、レジ袋辞退率が、24％上昇した[7]、とされています。

　コロナ禍においては、入り口の消毒液の場所に誘導するための矢印や、ソーシャルディスタンスを確保するための足型を床に付ける、といったこともあります。

　大きなコストがかからず、費用対効果の高い手法ととらえることができますが、心理的な誘導を伴うため、健全性や選択の自由を守るなどの透明性に留意も必要でしょう。工夫次第では、新たな事業コストをかけずに大きな効果を期待できますので、普段から適用可能性などを考えておくのもよいでしょう。

資料：北海道庁「北海道行動デザインチーム」

48

スキルの向上

（1）スキルを磨く

　仕事は組織で進めていきますが、その構成員の力が、組織力のベースになります。

　政策法務の重要性が指摘されていますが、自治体職員は、所管の例規や関係の法令などを自分の頭で理解をして、使いこなして、それを政策につなげていく能力を陶冶することが大切です。

　また、足元の地域に常に関心を持つとともに、情報のアンテナを伸ばして、民間企業の経営や新商品の開発など、企業活動の話題でも行政に応用することはできないか、といった視点を持つことも大切になってきています。

　最近は、「プロボノ」という考え方が出てきました。これは、「社会的・公共的な目的のために、自らの職業を通じて培ったスキルや知識を提供するボランティア活動」を意味します。自治体の職員も自らプロボノになったり、他のプロボノと協働を通じて、新しいネットワークを形成することがあってもよいでしょう。

　足元で何が起きているのか、全国でどのような動きがあるのか、関心を持つことが大切です。百聞は一見にしかず、自分の目と耳で実感したものについては、他に説明する場合でも説得力が違います。可能な範囲で、自治体の内外の現実を直接確かめて欲しいと思います。

　また、新型コロナウィルス感染症の最先端の知見は、主に英語に

よる論文からでしたが、世界の情報の7割は英語による、と言われています。これからの時代は、語学力も身に付けながら国外にも視野を広げていくことが求められています。

（2）外部の資源を活用

もう何年も継続している事業であれば、誰が担当しても、一定のレベルを保つことはできるでしょう。それは、ノウハウの蓄積や市民の理解や定着があるからです。

しかし、初めての大きなプロジェクトではそうはいきません。複雑になってきた社会経済情勢、スピードの加速、専門性の深化が進んでいます。このような環境のもと、職員は、もはや1、2年程度の経験だけでは、クオリティの高い企画や職務を維持、向上させていくことは容易ではありません。専門性の観点からは、一つの分野を継続して掘り下げ、技術などを磨いている民間企業に一日のアドバンテージがあることも少なくないでしょう。

例えば、PFIなどの方式の導入整備であれば、そのノウハウを自分のものにしていなければ、民間企業との調整業務もスムースにいかないことが出てきてしまうでしょう。

民間企業のノウハウや市民団体の活動などを活かしていく公民連携を進めていくことが大切となっています。さらに、様々な機関などと役割分担をしながらそれぞれの強みを生かして新たな価値を創造していく共創力が求められているのです。

このように、自治体が現在持つ資源を最大限活用するとともに、民間の力も活用する仕組みを進め、最大のパフォーマンスを実現させていくことが大切になります。

（3）イノベーションを目指そう

事業課にとって、予算要求の目的は、所管の事業、ひいては、組

織の目的、さらには、住民の福祉向上に寄与することです。特に、今は、地域には様々な課題があり、課題先進地域と呼ばれるところがたくさん出てきています。

そうであるならば、住民の困りごとを前に、住民とともに考えながら、新しい解決策や仕組みの提示やサービスを生み出していかなければなりません。そのためには、これまで述べてきた様々なノウハウなどは重要ですが、これにあわせて、"イノベーション" 創出の視点も大切になってきます。

イノベーションは、新しい知を創造することであり、それは、既存の知と既存の知との新しい組み合わせで生まれると考えられます。個人の認知には限界があり、如何に、自分から離れたところを幅広く探索していくことが大切になります。今は、SNS の時代であり、広くつながることが可能です。そして、むしろネットワークでは、弱いつながり広く持つことの方が、多様な情報が早く効率的につながるとの指摘もあります。自治体の職員は、公益を実現しようとする集団であり、そのために外部との交流も広げ、新しい価値を創造して、それを予算要求に反映させていくのです。

（4）組織を磨く

予算編成要領などに従って、事業の必要性や緊急性などを踏まえて、必要な経費を積み上げ、見積書を作成していくことになります。ただ、組織全体の中では、必ずしも、客観的にみれば合理的な決定ではなく、近視眼的とみられて仕方がないような判断が行われることがあります。これは、何もその組織が特別ということではなく、次のような限界と組織に内在する防御本能が影響している、と考えられます。

　　・限られた能力
　　・限られた知識

・限られた認知力

・限られた情報

・代替案がすべて把握できない

・結果の予測の不確実性

　組織は、長期的戦略を展開するよりは、短期的フィードバックによって不確実性に対処し、また、環境を管理して不確実性を可能な限り減少させようとする傾向があります。論理的な思考だけの組織であるほど、そのときの短期の顕在化した課題を最優先して、今後大切になるかもしれない（不確実な）課題などについては、後回しになりがちです。この方が、目に見える成果は上がりますし、説明責任も果たすことができるからです。

　大きな組織であるほど失敗したときに失うものが大きいので変化を嫌います。論理的思考に優れた人の問題点は、現状維持を続けることを正当化する理由や理屈を見つけることができることと言われています[8]。

　これを打破するのは、まず、首長のリーダーシップであるのですが、これ以外に、それぞれの組織のリーダー、さらには、実際に担当する職員が、組織の中で、このようなパラドックス的な課題が潜むことを自戒して、多角的に物事を議論して、予算要求に関わることが大切となるのです。

注

1　「エビデンスに基づく自治体政策入門」佐藤徹編著　公職研　2021年 P52

2　https://www.pref.iwate.jp/kensei/gyoseikeiei/matching/1049900/index.html 岩手県ホームページ

3　https://www.hokudai.ac.jp/news/pdf/210225_pr2.pdf PRESS RELEASE 資料（北大、岩見沢市ほか）2021.2.25

4　https://www.cas.go.jp/jp/seisaku/digitaldenen/menubook/0009.html 内閣官房デジタル田園都市国家構想実現会議事務局

5　https://cancerscan.jp/approach/case02/「ベストナッジ賞」を受賞した東京都八王子市の大腸がん検診受診率向上事業

6　第311回　消費者委員会本会議資料「ナッジ」とは？日本版ナッジ・ユニット BEST　https://www.env.go.jp/content/900447800.pdf

7　北海道行動デザインチームの調査。【調査内容】目視でのレジ袋辞退率【時間】12：00〜13：00　【対象】店舗利用者

8　「合理的なのに愚かな戦略」ルディー和子著　株式会社日本実業出版社 2014.11

第10章

新しい予算の展望

49

仕組みづくり

（1）予算事業は製造物

　新年度と前年度で事業内容で予算額が同じだったとしても、最終的な成果が異なることがあります。それは、事業というものは、住民からの信頼、担当者の熱意、組織のマネジメントなどによって、大きく左右されるからです。

図表10 - 1　　事業と成果

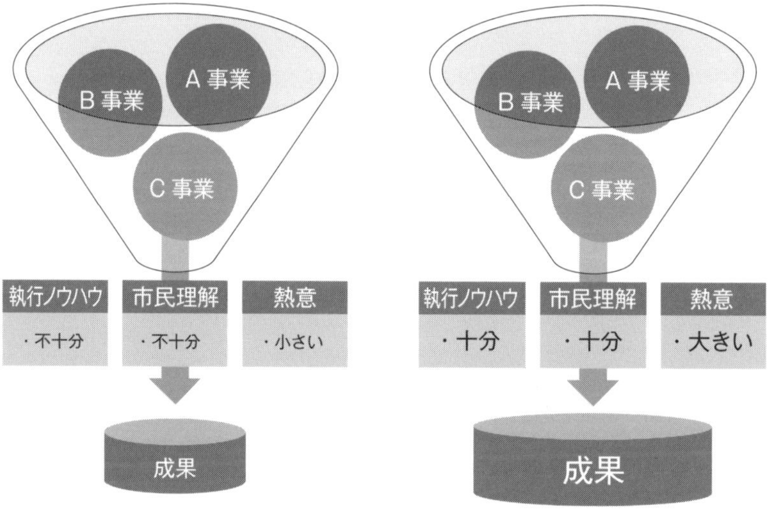

　図表10 - 1で示したように、これまでの予算は、三角柱の中にあるインプットとして事業費の確保に最大限の注力をしてきましたが、実際の事業の執行にあたっての「執行ノウハウ」「市民理解」「（担

当者や住民の）熱意」によって、成果が大きく影響を受けることになります。したがって、このプロセスを如何に充実させるかが、予算要求の時点から念頭に置くことが重要となります。

人口減少時代においては、現場の課題を適格にくみ取って、計画に時間をかけず、可能な限り迅速に対策を展開をしていかなければ、状況は悪化して、戻ることができない事態に至るといったことが起こってきます。

すなわち、PDCA サイクルでいうと、これまで予算編成は Plan であり、Do は予算執行というとらえ方のみでしたが、これに加えて、PとDが、重なってくる部分が出てくると考えることも有効ではないでしょうか。

図表10-2　予算の PDCA サイクル

予算事業は、多くの関係者による共同作業とでもいうような、「製造物」のような性格を持つものであり、単に設計図があっても、よい製品は作れません。この製造、販売過程にも、住民の関わりが強く求められるということです。

これらを図式で表わすと以下のようになります。

事業の力＝行政＋市民力（理解、行動力、信頼）

（2）仕組みづくり

　別項（45）で、企業誘致の予算について言及していますが、地域の人件費と地価の安さで進出する製造業を誘致したとしても、それだけで、将来にわたって地域に居続けることが保証される訳ではありません。

　金銭的な条件だけではなく、それを支える仕組みが重要になります。組織、人こそ、持続可能な仕組みのベースになります。

　この一方、企業の社会的貢献活動も拡大しています。東日本大震災において、必要な物資の提供などでみられたように、地域や国内外への貢献を考えているところが増えています。

　これから自治体では、触媒の機能も重視し、人や団体、民間の活動を相互につなげ、化学反応させていくのです。すなわち、コーディネートや環境整備の業務のウェイトを高めていくべきでしょう。

　仕組みづくりとは、**図表10‐3**の3要素を合わせたものであり、よくいわれる制度化だけでは、十分ではないのです。

図表10‐3　仕組みづくりの3要素

制度化	×	主催者の情熱	×	関係者のコミット
システム		リーダーシップ		フォロアーシップ

　誰が、どのような役割を担い、カウンターパートは○○さんで、△大学の◎◎教授をアドバイザーとし参画をしてもらい、財源の一部は連携する商店街から負担を求める、といった仕組みづくりを行い、それが認められたら予算要求が可能となるといったものです。

　このような仕組みづくりに近いことは、実は、すでに行われています。何かの事業を行う場合、まったくゼロから生み出すのでなく、□□協議会（審議会）などで官民の代表者などが集まって、協議を

しており、その中で出された構想を実現しようとすることがよく行われています。この動きを予算の流れ中に位置づけてみようとするものです。

図表10 - 4　仕組みのサポート

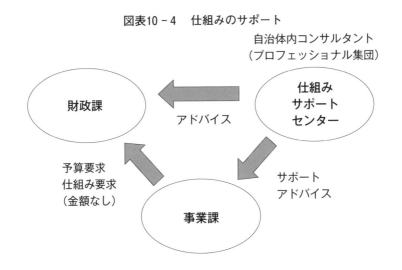

仕組みづくりを支援する庁内の機関として、仕組みサポートセンター（仮称）といった庁内シンクタンクを設置。センター長を幹部級として、構成員は外部公募と庁内公募と推薦を行います。また、各分野の専門知識を持っている職員が登録され、必要に応じてアドバイスしたり、若手職員などの問い合せや相談に応じます。

このような制度を作るのがすぐには難しいとすれば、まず、資質のある職員をその職場に在籍しながら、「アドバイザー」登録をしてもらうのです。例えば、語学ができる職員を登録すれば、地元産品の海外展開への支援や国際イベントで海外からの来客がある場合の通訳などを直ぐに手当てすることができます。また、派生効果として、特技、資格を持っている職員の活用と本人のキャリアプランを支援することにもつながります。組織の人的資源をいかに活用するかで、行政経営のクオリティは大きく差が出るでしょう。

50

新しい予算要求の仕組み

（1）要求ルートの多様化

　例えば、過疎地域においては、買い物弱者、一人暮らし高齢者、空き家、地域交通などが共通の課題となっていますが、これは都市の中でも起こりえますし、現に発生している問題です。地域の疲弊が諸側面に現れた結果ということができます。

　これらの問題は、組織横断的であり、組織同士の押し付け合いが起きるなど、所管を決めることに時間がかかることがあります。また、多くの組織に関わってくるために、様々な調整が必要となってきます。このための、所要の予算要求が行われない又は時間がかかることがおこり得ます。そして「要求ないところに予算なし」事態が生じてしまうのです。

　事業構築は、縦割りで単独の事業課だけで考えるのではなく、関係部署と連携して、多面的、立体的に地域全体をみることが大切になります。

　翻って条例の提案を考えてみると、理事者側だけではなく、議員提案条例も増えてきています。これをみると、空き家対策条例など、新しく浮上した横断的な課題が多いのがわかります。

　各事業課が、施策を推進する上で必要と考える他課の関連事業について、予算要求をすることはできないでしょうか。これが困難であれば、その所管と見込まれる部局に、予算要求をすることを要望する、という手法も有り得るでしょう。これに近い仕組みとして政

令市において区役所から本庁所管部への予算要求の要望といったものは実現しています。

　次に、地域の困り事について、その対策を求める住民は「予算要求」はできないでしょうか。

　短期集中型の予算編成において、住民が直接的に予算要求するという仕組みは、手続き的にも難しい面がありますが、愛知県新城市においては、条例で地域自治区が設けられており、この自治区予算については、地域協議会において審議と提案がされる方法がとられています。まさに、地域住民が自分たちの地域に関わる予算について、議論できる仕組みが出来上がっています。

　ひとつの工夫として、それぞれの分野の予算の中に、市民公募型の事業を行う枠を確保して、透明性、公平性に十分留意した事業の採択を行うことは、可能ではないでしょうか。

（2）機動的な予算

　予算は、これまで決まった固定的な不動の政策の塊、といったイメージではなかったでしょうか。

　新年度の予算は、最高のパフォーマンスを実現できるよう前年度中に編成され、議決を受けたものです。時代の動きはますます早くなっています。特に、IT などの技術の変化のスピードは早く、実際の予算編成から予算の執行まで1年近くの時間が経つことが多くなると予算の見積もりの前提が変わることも出てくるでしょう。

　さらに、地方分権時代においては、住民はサービスの受け手から担い手にもなるのです。

　予算は一度作り上げたら、変えることができない不磨の大典ではなく、行政と住民の共同作業という要素を強めていくべきではないでしょうか。

　これには二つの方法が考えられます。

一つ目は、補正予算の積極的活用です。当初予算の内容はその時点でのものであり、新たな事情が生じたら、予算の補正を積極的に行っていきます。これには、当初のシーリングの枠の効果を少なからず減じるという指摘も出来ます。

　二つ目は、当初予算の中に概括的な内容で枠取りをすることです。必要性はあるが、その時点では、個別具体の積算が難しいので、新年度に入って、直近の環境と最新のデータで詳細な事業費を詰めていく、という方式です。

　いずれも、これまで行ってきた手法とは少し異なりますが、問題は、如何に時代の変化を踏まえた未来を切り開く機動的な予算を編成していくかでしょう。

あとがき

VUCA の時代と言われます。「先行きが不透明で、将来の予測が困難な状態」のことです。まさに、新型コロナウイルス感染症や、地球温暖化に伴う異常気象、台風や地震といった災害など、予測が困難な事象が次々と起こっています。

先進国では、テクノロジーの著しい進化によって、「Uber」や「Airbnb」のような画期的なサービスが次々と生まれていますが、この一方、日本では、経済は30年も横ばい状態で、少子高齢化は進行して、今や課題先進国と言われ出しています。

各自治体では、多くの課題に直面しています。今や、中央政府に頼るだけでは、地方の元気は取り戻せません。地方が自ら考え、行動して、道を切り開いていくしかありません。自治体の役割と責任は、これまで以上に大きくなってきたと言えるでしょう。これは、行政主導の大きい政府になるという意味ではなく、住民をはじめとして、国内外の機関との協働、共創によって、取り組みを進めていくということです。役所は開かれ、職員は、広い視野で物事を見ることが大切です。

自治体の予算については、限られた財源を活かしながら、単に過去の延長線上ではなく、果敢に挑戦して、住民の安全や暮らしを守りながら、未来の可能性を切り開いていくものでなければなりません。

これまで、予算といえば、予算査定を行う財政セクションの差配に注目が集まってきました。確かに、全体の大枠を調整していることは間違いありませんが、事業課からの予算要求があっての査定であり、この要求される事業の質によって、予算の成果が左右されるとも言えるのです。すなわち、予算要求と予算査定という行為は少

なくともフラットで捉えていくべきであり、そうだからこそ、実際に各事務事業を見積もり、施策を進めようとする各事業課の担当者のパフォーマンスに、期待と責任が高まるのです。

　本書は、決して予算査定の従属変数ではなく、予算編成の基礎と言える予算要求にスポットをあてたものです。既刊の自著である『予算要求の実務──実践から新たな仕組みづくりまで』（学陽書房、2016年）の考え方をベースとしていますが、大幅に加筆修正し、書き下ろしを加え、また、ポイントごとにまとめた形をとっていますので、新たな書となったと考えています。

　気になる項目から読んでいただいて理解できるようにしていますので、予算要求の理論と実用のハンドブックとして、少しでも、自治体の予算をよりよいものにすることに貢献できるとしたら、望外の喜びです。

　最後になりましたが、本書をまとめる機会を与えていただいた学陽書房編集部の川原正信氏に感謝をいたします。

2023年9月

吉田　博

著者紹介

吉田　博 (よしだ　ひろし)

　札幌大学非常勤講師。1956年生まれ。北海道大学法学部卒。元札幌市役所職員（財政課、都市経営課、子育て支援課、区総務企画課などを歴任）。

　著書に『公務員のカスハラ対策 ── 窓口業務・クレーム・カスタマーハラスメント対策の基本』編著（学陽書房、2019年）、『自治体　予算要求の実務　実践から新たな仕組みづくりまで』共著（学陽書房、2016年）、『自治体事業　考え方・つくり方』編著（学陽書房、2013年）、『自治体の予算要求　考え方・つくり方』共同編著（学陽書房、2009年）、『拓銀破綻後の北海道経済＝地域再生と金融の役割』共同執筆（日本経済評論社、2008年）、『実践！「自治体ABC」によるコスト削減』共同執筆（ぎょうせい、2006年）、『地方自治体の2007年問題』共同執筆（官公庁通信社、2005年）、『行政経営革命』共同執筆（ぎょうせい、2003年）など

50のポイントでわかる
自治体職員 はじめての**予算要求**

2023年9月25日　初版発行

著　者　吉田　博（よしだ　ひろし）

発行者　佐久間重嘉

発行所　学 陽 書 房

〒102-0072　東京都千代田区飯田橋1-9-3
営業部／電話　03-3261-1111　FAX　03-5211-3300
編集部／電話　03-3261-1112
http://www.gakuyo.co.jp/

装幀／佐藤博
DTP 制作・印刷／精文堂印刷
製本／東京美術紙工